AS 25 TAREFAS INCONTORNÁVEIS DO GESTOR DE PME

Actual Editora
Conjuntura Actual Editora, S.A.
Avenida Fontes Pereira de Melo, 31 - 3.º C
1050-117 Lisboa
Portugal

Tel.: (+351) 21 3190243
Fax: (+351) 21 3190249
www.actualeditora.com

www.businesspublishersroundtable.com

Copyright: © 2008 Luis Castañeda Martínez

Edição: Actual Editora – Janeiro 2014
Todos os direitos para a publicação desta obra em Portugal reservados
por Conjuntura Actual Editora, S.A.

Tradução: Luís Filipe Sarmento
Design da capa: FBA
Paginação: MJA
Impressão: Papelmunde

Depósito legal: 330044/11

Biblioteca Nacional de Portugal – Catalogação na Publicação

CASTAÑEDA MARTINEZ, Luis

As 25 tarefas incontornáveis do gestor de PME

ISBN: 978-989-694-020-1

CDU 658
     005

Nenhuma parte deste livro pode ser utilizada ou reproduzida, no todo ou em parte, por qualquer processo mecânico, fotográfico, electrónico ou de gravação, ou qualquer outra forma copiada, para uso público ou privado (além do uso legal como breve citação em artigos e críticas) sem autorização prévia, por escrito, da Actual Editora.

Este livro não pode ser emprestado, revendido, alugado ou estar disponível em qualquer forma comercial que não seja o seu actual formato sem o consentimento da editora.

Vendas especiais:

Os livros da Actual Editora estão disponíveis com desconto para compras de maior volume por parte de empresas, associações, universidades e outras entidades interessadas. Edições especiais, incluindo capa personalizada, podem ser-nos encomendadas. Para mais informações, entre em contacto connosco.

LUIS CASTAÑEDA

AS 25 TAREFAS INCONTORNÁVEIS DO GESTOR DE PME

DEDICATÓRIA

Ao meu amigo e presidente da Comissão de Produtividade e Capacitação da Confederação de Câmaras Industriais (CONCAMIN), Víctor Miklos, um homem comprometido com a superação dos empresários mexicanos.

Aos meus colegas no programa de Alta Direcção AD-2 do IPADE, geração 2001-2002; todos eles excelentes directores.

PREFÁCIO

Como director de uma empresa é muito fácil perder-se entre os enredos da organização e deixar de fazer o que é verdadeiramente importante para o desenvolvimento da companhia. Esta foi, pelo menos, a minha experiência como director-geral de várias empresas.

Uma das minhas inquietações mais pertinazes foi como utilizar o meu tempo para ter um melhor desempenho para a empresa. Graças ao meu trabalho editorial e ao meu espírito de investigador, por ter feito a licenciatura em Física e Matemática e por ter feito um doutoramento em Gestão de Negócios, a minha inquietude converteu-se numa obsessão.

Como editor, revi mais de 2 000 livros de gestão e tentei sempre encontrar a fórmula secreta do êxito do director. Descobri que não existe tal fórmula, porque a Direcção não é só ciência, mas também é arte e humanismo, que não estão sujeitos a fórmulas.

A minha busca seguinte foi encontrar aquilo a que um director deve realmente dedicar o seu tempo. Em cada livro que li acerca das funções desempenhadas pelos grandes directores de empresa, actuais e anteriores, como Jack Welch, da General Electric; Andy Groove, da INTEL; Carlos Ghosn, da Nissan; Larry Bossidy, da Oneywell; Michael Dell, da Dell; Michael Eisner, da Disney; Bill Gates, da Microsoft; Steve Jobs, da Apple; Carlos Slim, do Grupo Carso; David Packard, da Hewlett-Packard; Gordon Bethune, da Continental Airlines; John Chamber, da Cisco Systems; Lou Gerstner, da IBM; Herb Kelleher, da Southwest Airlines; Howard Schultz, da Starbucks; Lorenzo Zambrano, da Cemex; Lorenzo Servitje e Roberto Servitje, da Bimbo; e em outros menos famosos mas não com menos sucesso, encontrei pistas acerca das tarefas que desempenham realmente.

Com a informação anterior fiz uma grelha que me servisse de modelo para as minhas próprias actividades (e, devo dizer, preocupações) dentro das minhas empresas, tentando que fosse comum a todas as empresas, qualquer que fosse a sua dimensão. Não posso dizer que tenha já encontrado o modelo perfeito, mas um que posso plasmar com a tranquilidade que reveste os principais aspectos do trabalho do director.

Reconheço que muitos leitores poderão pensar que a lista de tarefas obrigatórias é muito curta; outros pensarão que é longa; isto significa que não possuo a verdade absoluta e que cada director pode criar a sua própria lista segundo as suas circunstâncias. Se o fizer, terá conseguido também o meu propósito: fazer o director pensar naquilo que pode transformá-lo num gestor mais eficaz.

Quero sublinhar claramente que este não é um tratado de administração, pelo que o leitor não deverá esperar um tratamento completo de cada assunto, mas apenas reflexões para que o director complete o seu esquema mental em relação às suas tarefas directivas.

Incluo, no fim do livro, uma lista de livros escritos por directores-gerais. A maioria é em inglês, uma vez que os tenho nessa língua na minha biblioteca. É possível que alguns deles tenham sido traduzidos em português, ainda que o mais certo é que tenham sido descatalogados se não foram *bestsellers*, ou mesmo que tenham sido.

Dito isto, só me resta esperar que este livro lhe seja útil e pedir-lhe que me dê *feedback* da sua própria experiência, para que numa edição futura possa publicar um livro mais completo.

Para as suas sugestões e opiniões, ponho-me à sua disposição nos seguintes endereços electrónicos:

lcastaneda@panoramaed.com.mx
ou
luiscastanedam@yahoo.com

AS TAREFAS

TOMAR DECISÕES PRECISAS E OPORTUNAS

Talvez seja esta a razão principal pela qual o director ganha mais do que o resto do seu pessoal, porque das decisões que tome depende o futuro da empresa.

Com efeito, uma decisão imprecisa ou inoportuna pode provocar uma grave crise, até mesmo a morte da companhia; por isso, o director deve ser um especialista de decisões, o que implica saber como fazê-lo e, além disso, ter a coragem para o fazer, particularmente em situações difíceis.

Infelizmente, muitos directores tomam decisões «no ar», ou seja, sem a reflexão necessária; por vezes, fazem-no rapidamente porque não têm um plano de contingência – o proverbial plano B – e há que fazer algo rápido perante um sinal de crise; outras, porque não têm um método para decidir.

Desafortunadamente, essa falta de perícia para tomar decisões faz com que se cometam erros graves nas empresas, erros que podem mesmo levá-las à falência, com a consequente destruição de valor. Cada nova edição do meu livro *Como Destruir uma Empresa em 12 Meses ou Antes* alimenta-se com mais e mais casos de erros cometidos por directores de empresas importantes, erros que se poderiam evitar se aqueles tivessem reflectido mais e melhor antes de decidir.

Noutras ocasiões, o director nega-se simplesmente a decidir, talvez na esperança de que o problema se resolva por si só, o que por vezes chega a acontecer, mas não é a regra. Na maioria das situações, os problemas complicam-se, a ponto de provocar crises muito graves.

Mesmo não decidir nada requer reflexão e método e o medo não deve ser o principal motivador da inacção, mas sim o pensamento metódico.

Existem muitos livros sobre decisões e todos eles são bons, mas, curiosamente, não se vendem muito bem, excepto em faculdades de gestão e de disciplinas afins. Creio que se deve ao facto de o director típico pensar que para decidir não requer técnica nem pensamento sistemático.

Quando publiquei o meu livro *Pensar, Tarefa Essencial de Líderes e Gestores*, um bom amigo disse-me: «O teu livro é excelente, mas os directores não vão comprá-lo porque sentem que não precisam dele, porque crêem que são pensadores peritos em decisões». As suas palavras foram proféticas. O livro fora apenas comprado por estudantes, professores e executivos de nível médio.

A tese fundamental do meu livro aponta no sentido de que perante uma decisão de qualquer tipo, o director deve pensar de uma maneira multimodal, ou seja, de vários modos ao considerar as diferentes opções. Os que eu proponho são:

Modo lógico
Modo criativo
Modo sistémico
Modo estratégico
Modo prospectivo
Modo lateral
Modo difuso
Modo probabilístico
Modo filosófico ou humanista
Modo ético

Tomo do meu livro um exemplo muito condensado do pensamento multimodal, para que se veja como é simples, mas também como pode ser eficaz ao considerar as decisões, porque a verdade é que toda a decisão, ainda que pareça não ter importância, pode ter enormes repercussões na vida da empresa. Digamos que se aplica o Efeito Borboleta, que diz que o bater de asas de uma borboleta na África do Sul pode provocar um furacão nas Caraíbas.

Uma empresa editorial, especializada em livros de auto-ajuda e de espiritualidade, está a sofrer os efeitos da crise que afecta a indústria editorial. Durante os últimos cinco anos, as vendas de livros caíram de maneira constante e acumulou-se uma quebra de 30%.

Estudos mostram que as poucas vendas se devem ao facto de as pessoas lerem menos e à deterioração do poder de compra. Outra razão, é que o público tem, agora, outras opções para ocupar o seu tempo livre. Quando se criaram as lojas de aluguer de vídeos, as vendas de livros começaram a diminuir. Os computadores pessoais e a Internet também ocuparam muito do tempo livre das pessoas.

Contudo, existem linhas de produtos que parecem manter-se solidamente no mercado. Estas linhas são as dos livros eróticos, de escândalo e de esoterismo, assim como as novelas românticas que se vendem nos quiosques ou juntamente com os jornais. Também são notáveis as vendas elevadas de revistas para jovens e daquelas que são dedicadas aos espectáculos.

O director-geral da empresa está preocupado com a situação e sabe que deve fazer algo para evitar a deterioração da sua companhia, pelo que decide colocar uma série de perguntas preliminares baseadas nas diferentes linhas de pensamento.

Pensamento Lógico

Qual é a lógica da situação? Onde conduz logicamente? Que solução lógica é evidente?

Devido a uma quebra notória do hábito de leitura e ao facto de existirem outras opções poderosas para usar o tempo livre, a lógica indica que a crise continuará e poderá mesmo agravar-se.

Uma solução lógica pode passar por publicar nas linhas de produtos que se mantiveram estáveis (erotismo, escândalo, esoterismo, etc.).

Pensamento Criativo

Que opções inovadoras poderemos criar?

O que podemos tomar de outras indústrias que se possa adaptar à nossa empresa?

O que poderemos alterar para motivar a compra dos nossos livros? (A linha gráfica do produto, preços, promoção, canais de distribuição, condições de venda, segmentos de mercado, etc.).

O que podemos alterar na empresa para enfrentar a crise?

Pensamento Sistémico

Como é que a nossa empresa está vinculada com o que a rodeia?

E a nossa empresa em particular?

Qualquer acção que tomemos que efeitos terá nas partes distintas da organização, nos clientes e nos fornecedores?

Como seriam afectados o pessoal e os accionistas?

Que mudanças estão a acontecer noutras indústrias? E onde se daria? Com que intensidade? Como se daria?

Como poderemos aprender com os efeitos e usá-los positivamente?

Que tipo de *feedback* se pode gerar a partir de qualquer acção que se tome?

Que acções exigiriam novas aprendizagens?

Temos tempo suficiente para adquiri-las?

E também os recursos?

Pensamento Estratégico

Como se muda a visão que temos da empresa perante a situação actual? E a missão?

Seria necessário mudar a estratégia actual?

O que pode acontecer de mais negativo se não fizermos alguma coisa?

Temos um plano de contingência? É exequível perante a situação?

Como poderemos descrever as ameaças que nos cercam? São realmente possíveis? Não estamos a exagerar? Estamos a interpretar mal a situação?

Que oportunidades parecem estar ocultas nesta situação?

Que decisões estratégicas é necessário tomar já?

Estarão em risco as nossas vantagens competitivas, as nossas competências essenciais?

O que é que os nossos concorrentes estão a fazer?

O que podemos aprender com a história?

A nossa estrutura pode resistir a uma mudança de estratégia?

Que novos desenvolvimentos científicos e tecnológicos estão a surgir que possam agravar ainda mais a crise da nossa indústria?

Pensamento Prospectivo

Se a situação perdura, que cenários futuros poderemos esperar?

Que probabilidade tem cada cenário de se tornar realidade?

No pior cenário, o que nos aconteceria? Estamos dispostos a aceitar as consequências?

O que podemos fazer agora para minimizar ou, melhor, aproveitar, os efeitos do pior cenário?

Como poderíamos ver, idealmente, a nossa empresa no pior cenário? Será essa visão compatível com os nossos princípios e valores? Identificamo-nos com essa visão?

Pensamento Lateral

De que outro ponto de vista poderemos ver a situação? (Do ponto de vista do mercado, dos distribuidores, dos fornecedores, do governo, das outras indústrias relacionadas com a nossa, de instituições não governamentais, etc.).

Como nos veríamos numa indústria diferente, relacionada com a actual ou sem qualquer relação?

E se pensamos na situação de maneira ilógica?

O que faríamos se o mercado desaparecesse da noite para o dia? Ou se desaparecessem os canais de distribuição? Ou se se acabassem todas as provisões de papel ou tinta? Ou se fechassem as gráficas e as encadernadoras?

Pensamento Difuso

Que aspectos tem a situação? Ou se resolve totalmente ou provoca a morte da indústria?

Que possibilidades intermédias existem? Fará com que a indústria simplesmente se transforme?

Que níveis de transformação podem acontecer? Está a empresa preparada para se adaptar à transformação da indústria?

São a nossa estrutura e estratégia suficientemente flexíveis para nos adaptarmos à transformação sem sofrer grandes contratempos?

Será uma opção retirarmo-nos da indústria?

Pensamento Probabilístico

Segundo a minha experiência e a de outros, que caminhos pode seguir a crise e qual a probabilidade subjectiva de ocorrer cada um deles?

Temos estatísticas que possam sugerir tendências?

Quais são as estatísticas e tendências das indústrias que competem com a nossa? (Aluguer de filmes, consultas na Internet, etc.).

Pensamento Filosófico

Como é que pessoalmente me afecta a crise? Faz-me sentir vulnerável? Faz-me sentir humilde?

Devo assumir a crise da indústria como uma crise pessoal? Devo ser mais humano?

No pior cenário, como me vejo como ser humano?

Existe algo mais do que a empresa na minha vida?

Vejo a empresa como um conjunto de seres humanos e não como uma máquina de fazer dinheiro?

Pensamento Ético

Que valores e princípios éticos estão em jogo perante a situação? Estaria disposto a violá-los desde que salvasse a empresa? Publicando livros eróticos, por exemplo?

Que considerações éticas devo ter em conta antes de tomar e de implementar decisões?

Deixarei que a minha consciência seja a minha principal assessora?

Não há decisão pequena ou sem grande importância. Todas têm uma consequência, imediata ou posterior, por isso devem ser tomadas cuidadosamente, pensadamente e com algum método.

IMAGINAR UM FUTURO DESEJÁVEL PARA A EMPRESA E DESENVOLVER UM PLANO PARA TORNÁ-LO REALIDADE

O director deve ser um visionário. Deve ver para além do horizonte. Não prevê o futuro, mas sabe o que quer que a sua empresa seja no futuro.

A visão é uma força poderosa que mantém a motivação do director e do seu pessoal no sentido de fazer o necessário para que essa visão se converta em realidade.

Sam Walton, fundador das lojas Wal-Mart, que hoje é a maior empresa do mundo, tinha uma visão muito clara. Cito as suas palavras:

«Pensei quais seriam as maiores lojas que se poderiam instalar em cidades mais pequenas, o que ninguém tentara. Há muito mais oportunidade de negócio nessas cidades do que as pessoas alguma vez pensaram».

Para um visionário, a visão é uma realidade que ainda não aconteceu e que ele pode fazer com que aconteça. Muitas empresas fundam-se sem ter uma visão que a sustente e a impulsione. Uma pessoa pode criar uma empresa com o simples propósito de manter a sua família, e pode conseguir esse propósito, sem dúvida, mas a sua empresa não descolará a sério até ao momento em que o seu fundador imagine um futuro mais grandioso para os seus empregados e projecte e implemente os planos para torná-lo realidade.

Burt Nanus define o que é visão quando diz:

«Uma verdadeira visão deve ter uma imagem clara de um futuro desejável – um que represente uma meta possível, desafiante e valiosa para a qual as pessoas possam dirigir as suas energias... Por exemplo, ... um líder corporativo pode ter a 'visão' de regressar ao fundamental ou reduzir o orçamento. Embora estas metas sejam valiosas, dificilmente sugerem um futuro definitivamente diferente ou melhor do que o passado.»

Podemos inferir desta definição que para que uma visão seja verdadeira é necessário que o futuro que observa rompa o *status quo*, ou seja, o estado de coisas como são agora. O visionário não se compraz com o que conseguiu. Sabe bem que a complacência é causa de estagnação e, com o tempo, de declínio e fracasso. Os seus êxitos não são definitivos, vê-os como degraus para alcançar êxitos maiores e, finalmente, para conseguir a sua visão.

Mas «da visão ao objectivo há muito caminho». Não basta ter uma visão grandiosa. É necessário «aterrá-la» e para isso é necessário dar vários passos. O primeiro é transformá-la numa MISSÃO, ou melhor, numa DECLARAÇÃO DE MISSÃO.

Dou um exemplo de visão. A da Apple Computer.

A missão da Apple é ajudar as pessoas a transformar a sua maneira de trabalhar, aprender e comunicar ao proporcionar-lhes produtos de computação pessoal de qualidade excepcional e serviços inovadores ao cliente.

Seremos pioneiros nas novas direcções e objectivos, encontraremos novas e inovadoras formas de utilizar a tecnologia de cômputo para expandir os limites do potencial humano.

A Apple constituirá uma diferença: os nossos produtos, serviços e percepções ajudarão as pessoas de todo o mundo a dar forma à maneira como se produzirá a educação e os negócios no século XXI.

Também pode ser uma declaração de princípios e valores. Vejamos a American Express:

Valores supremos

Todas as nossas actividades e decisões deverão basear-se e guiar-se por estes valores:

– Pôr em primeiro lugar os interesses do cliente.

- Uma procura contínua de qualidade em tudo o que fazemos.
- Tratar o nosso pessoal com respeito e dignidade.
- Uma conduta que reflicta as normas de integridade.
- Trabalho em equipa: da unidade mais pequena até à empresa na sua totalidade.
- Ser bons cidadãos nas comunidades onde vivemos e trabalhamos.

Na medida em que actuemos de acordo com estes valores, poderemos oferecer um serviço de excelência aos nossos clientes, ganhar uma posição de liderança da nossa empresa e proporcionar um rendimento superior aos nossos accionistas.

Creio que para ter uma boa *declaração de missão* é necessário tomar de ambos os exemplos:

A da Apple tem mais componentes estratégicas; por outro lado, a da American Express foca-se mais nos valores.

Ferdinand de Bakker, no livro *101 Declarações de Missão Corporativa* de T. R. V. Foster, propõe cinco elementos de uma declaração de missão completa:

1. Uma descrição do sector onde opera a organização.
2. A visão da organização, por vezes de maneira muito genérica e por vezes descrita com uma intenção estratégica breve e poderosa.

3. Os activos ou forças principais da organização.
4. As estratégicas genéricas a utilizar no sentido de tornar realidade a visão.
5. Os valores que a organização adopta na busca da sua visão.

O segundo passo consiste em determinar os objectivos principais que nos permitirão tornar realidade a visão. Estes objectos são para as seguintes áreas:

- Crescimento / desenvolvimento
- Rentabilidade
- Quota de Mercado
- Inovação
- Desenvolvimento do pessoal
- Contribuição para a sociedade

Quando para o director é transparente a visão, a missão e os objectivos principais, pode escolher as tácticas estratégicas mais adequadas. Se não há concordância entre estes elementos, será impossível conseguir essa visão. Seria como ter uma bússola com vários *nortes* na sua esfera.

Estranhará que fale de tácticas estratégicas e não de estratégias. Faço-o porque concordo com Michel Porter em que a única estratégia válida é: ser uma empresa diferente, singular, única. As tácticas estratégicas devem ser orientadas para converter numa diferente, singular única.

O terceiro passo é, precisamente, projectar essas tácticas estratégicas. A lista de tácticas estratégicas é grande e variada. Pode ir do *fornecedor de menor custo até adquirir empresas afins.* Sugiro que consulte um ou mais dos muitos livros sobre estratégia que há no mercado para aprender a projectar o seu plano estratégico.

Com uma visão clara e desafiadora, uma declaração de missão estimulante, objectivos principais valiosos e um plano estratégico bem pensado, uma pessoa fica com bases firmes sobre as quais erguer a sua empresa.

SUPERVISIONAR A IMPLEMENTAÇÃO EFECTIVA DO PLANO ESTRATÉGICO E DOS PLANOS OPERACIONAIS

Quando se projectou o plano estratégico, que é sustentado numa ou mais tácticas estratégicas, é necessário delinear os planos operacionais que guiem o trabalho diário da empresa.

Os planos operacionais, se se cumprirem, permitem que o plano estratégico se cumpra; ou seja, se a táctica estratégica escolhida é ser a empresa com custos mais baixos, mediante os planos operacionais essa táctica estratégica tornar-se-á realidade.

Como o seu nome indica, um plano operacional deve ser implementado pelo pessoal de operação, mas o director deve assegurar-se de que a implementação seja correcta e oportuna.

Mas o que é a implementação?

No meu livro *Implementação, a Arte de Transformar Planos de Negócios em Resultados Rentáveis*, defino essa palavra como:

«Fazer o que deve ser feito de maneira correcta por quem deve fazê-lo quando se deve fazer e com óptima rentabilidade».

Esta definição implica cinco elementos:

- Efectividade: fazer o que se deve fazer...
- Eficiência: de maneira correcta...
- Responsabilidade: por quem deve fazê-lo...
- Oportunidade: quando se deve fazer...
- Rentabilidade: e com óptima rentabilidade...

Vejamos brevemente cada elemento.

Efectividade: o director deve assegurar-se de que as actividades dos planos operacionais sejam as absolutamente necessárias. Seria um desperdício de recursos incluir actividades que não sejam correctas, as que realmente ajudem ao êxito dos objectivos principais e, finalmente, da visão.

Eficiência: também deve assegurar-se que essas actividades se realizem com a maior qualidade possível. De facto, deve procurar-se a excelência na realização dessas actividades.

Uma implementação defeituosa das actividades redundará no fracasso do plano estratégico.

Responsabilidade: o director deve verificar que cada actividade seja levada a cabo por uma pessoa ou pessoas idóneas. Mas também deve assegurar-se que tenham os recursos necessários para a correcta realização das actividades.

Oportunidade: também deve verificar que as actividades se façam quando se devem fazer, nem antes nem depois. Para que assim seja, deve existir um calendário que os executores devem respeitar.

Rentabilidade: e, obviamente, o director deve assegurar-se que todas as actividades sejam rentáveis, gerem um rendimento tangível ou monetário ou um valor acrescentado intangível. Há actividades que consomem recursos e não geram rendimentos tangíveis, mas que acrescentam valor de algum tipo à empresa.

É preciso ter cuidado com actividades que parecem ser necessárias, mas que na realidade são contraproducentes, porque consomem recursos e não acrescentam nenhum valor. O director deve ser capaz de identificá-las e eliminá-las imediatamente.

Para o director, as prioridades devem ser muito claras e focar a sua supervisão nelas, sob pena, se não o fizer, de se perder em pormenores que apenas distrairão a sua atenção.

As prioridades são as actividades dos planos operacionais que ao não serem implementados correcta e oportunamente, farão com que o plano estratégico descarrile, afastando a empresa da sua visão e objectivos principais.

Os relatórios escritos e orais, assim como a inspecção no local, são ferramentas que o director deve utilizar diariamente para se assegurar que os planos estão a ser implementados de maneira correcta em todos os sentidos. Deve-se recordar sempre que os resultados não se esperam, supervisionam-se.

Quando se tem bem claras as prioridades, o director não tem de «andar às cegas». A sua supervisão estará bem localizada.

ESTAR INFORMADO DE TUDO O QUE É IMPORTANTE QUE ACONTEÇA NA EMPRESA

Muitas empresas e seus directores meteram-se em graves problemas por actividades ou situações em que elas estão presentes, mas desconhecidas pelos directores. Houve até casos em que alguns destes acabaram na prisão.

É verdade que o director deve confiar nos seus colaboradores, mas também é verdade que em certas ocasiões o seu pessoal tem algum receio em revelar os problemas ao chefe, porque talvez tenham sido causados por erros que lhes possam custar o emprego. Por vezes, guardam a informação, tentando eles próprios resolver o problema e a única coisa que conseguem é agravá-los.

Noutros casos, os gestores, ao detectar um problema ou uma situação séria, escondem-no do seu director numa tentativa de resolver, eles próprios, para ficar bem com o seu chefe e ganhar uns pontos, mas pode escapar-se-lhe da mão e provocar um problema mais grave à empresa.

Para evitar isto, o director deve ser muito claro com os seus gestores e dizer-lhes que se lhe esconderem um problema ou situação, o seu trabalho, o deles e o seu, está em jogo. Além disso, deve infundir-lhes suficiente confiança para que, quando um problema se apresente, lho façam saber ainda que eles próprios o possam resolver.

Há muitas situações que o director não deve deixar de conhecer. Algumas delas são as seguintes:

- Problemas com o pessoal: queixas contínuas, demissões intempestivas, baixa produtividade, manifestações de desagrado, conflitos interpessoais, falta de pontualidade, ausências, etc.
- Problemas de produção: má qualidade, demoras, rupturas de *stock*, aumento dos desperdícios, avarias frequentes da maquinaria e do equipamento, etc.
- Problemas de logística e armazém: perda de produto acabado e de matéria-prima e componentes, demora nos despachos de mercadoria, avarias frequentes do equipamento de transporte ou do equipamento de armazém, erros frequentes no empacotamento do produto, etc.
- Problemas com os clientes: aumento do número de queixas, aumento das devoluções, demora no pagamento das facturas, etc.

- Problemas de tesouraria e finanças: redução de liquidez, aumento nos gastos de operação, aumento nos custos de produção, aumento nas taxas de juro contratadas com os bancos e caixas de crédito, etc.
- Problemas com o fisco e com a Segurança Social: Aumento do número de requerimentos, visitas domiciliárias, embargos, multas, etc.
- Problemas na criação de novos produtos: demoras no projecto, na produção de protótipos e nas provas piloto, etc.

O director deve estar informado de tudo isto sob pena, se não o fizer, de poder gerar um problema maior que coloque a empresa de pernas para o ar.

Obviamente, se o director castigar quem lhe trouxer más notícias, não voltarão a fazê-lo e será informado dos problemas quando a situação se tenha transformado já numa crise. Não se deve «matar o mensageiro». Mesmo quando o gestor dê más notícias ao seu chefe por um erro cometido por aquele, o director deve actuar com prudência e paciência e não dar como trapaceiro o gestor que cometeu o erro.

Os melhores directores do mundo reconhecem que os erros são lições de negócios e que, ao vê-los como tal, devem tratar os infractores como aprendizes e não como delinquentes. Se olharem para eles como aprendizes, aqueles que cometeram o erro terão aprendido alguma coisa com ele, aumentando assim o seu capital intelectual. Por outro lado, se os virem como delinquentes (ou cob...), eles não aproveitarão plenamente a aprendizagem e, além disso, tentarão esconder sempre as más notícias.

Também não se trata, obviamente, de tolerar os erros repetidos. Quem comete o mesmo erro mais de uma vez é porque não aprendeu a lição e, então, há que repreendê-lo ou mesmo despedi-lo.

Em conclusão, o director deve ter um sistema infalível de informação em tempo real que lhe permita saber o que se passa em cada momento na sua empresa e não deve depender somente das informações que os gestores lhe dão nas reuniões semanais. Mas, para além de contar com este sistema, deve contar com uma ferramenta antiquíssima que era e é usada pelos filósofos, particularmente por Sócrates. Esta ferramenta é a arte de fazer perguntas.

Peter Drucker disse que o líder do passado é aquele que sabe como dizer e que o líder do futuro será aquele que saiba como perguntar. E Thomas Watson Jr., ex-presidente da IBM, disse uma vez: «Não ouvirás coisas acerca da tua empresa que sejam más a não ser que perguntes. É fácil ouvir as boas novas, mas tens de raspar muito para sacar as más notícias».

Com efeito, perguntar é o caminho que conduz à verdade. As perguntas básicas não passam de moda:

O quê? Quem? Como? Onde? Quanto? Quando? e Porquê? Continuam a ser tão vitais como na época de Sócrates. E se a estas perguntas acrescentarmos outras como O que se passaria ou passará se...?, O que se segue?, O que podemos esperar?, Para onde?, E se...?, a exploração será mais profunda.

O director deve ser proactivo na obtenção de informação e não esperar que lhe digam. Ao perguntar, obrigará o interpelado a revelar o que esconde. Também deve estimular os seus gestores a fazer perguntas ao seu pessoal; desta maneira, a informação fluirá livremente das bases até cima e evitar-se-ão surpresas desagradáveis.

MANTER UMA ESTRUTURA ORGANIZACIONAL SÓLIDA E AO MESMO TEMPO FLEXÍVEL

Como o seu nome indica, uma estrutura é sólida, mas não necessariamente rígida, sob pena de desabar em caso de sismo. Da mesma maneira, uma estrutura organizacional deve ser sólida e flexível para se adaptar facilmente à mudança. Muitas empresas fracassaram porque a sua estrutura não as ajudou a mover-se com celeridade quando o meio se alterou, de maneira que caíram estrondosamente.

A estrutura organizacional é para a empresa o que o esqueleto é para o corpo. Sustenta-a e permite-lhe que todas as funções se desenvolvam normalmente. Quando no corpo há algum desequilíbrio músculo-esquelético geram-se disfunções nos órgãos. De igual modo, na empresa, quando não existe uma estrutura adequada, uma ou mais funções tendem a desequilibrar-se, provocando falhas no desempenho que podem desencadear uma crise.

Quando um empresário funda uma companhia, geralmente não pensa nas razões pelas quais a estrutura organizacional deve ser de determinada forma. Simplesmente copia o que faz a maioria. Contudo, o director de uma empresa no activo deve questionar-se se a estrutura organizacional vigente é a mais adequada. O objectivo deste capítulo não é ensinar a projectar organizações, mas convidar o director a prestar atenção ao seu organigrama para que não continue a vê-lo como um álbum de fotografias, mas como uma ferramenta da direcção.

Para ver o organigrama como instrumento de gestão, é necessário que observemos cada cargo como fonte de objectivos e decisões; ou seja, devemos estabelecer objectivos específicos e suas faculdades de decisão a cada um dos cargos da estrutura organizacional, porque é a soma de objectivos dos diferentes cargos o que determina os objectivos principais da empresa. Igualmente, todas as decisões tomadas na empresa determinam o êxito dos principais objectivos.

Com base no que foi dito atrás, cada cargo deve especificar:

1. As funções que desempenha.
2. Os objectivos que persegue (com as suas normas de excelência).
3. As decisões que deve tomar.

Em função disto, o director pode alterar estas variáveis para adequar o cargo às necessidades cambiantes do meio. Ao fazê-lo com cada cargo, toda a empresa se adapta às novas circunstâncias.

Por outro lado, os cargos sem gente que os ocupe apenas são conceitos intangíveis. As pessoas fazem ou desfazem cargos, por isso cada cargo deve ser ocupado pela pessoa correcta e cada pessoa deve estar no lugar certo. Deve existir uma simbiose adequada entre pessoa e lugar. Se não existe simbiose ou não é a adequada, a pessoa não vai funcionar no cargo e rapidamente surgirão problemas: o corpo ficará doente porque um dos órgãos não estará a funcionar bem.

Tomar decisões acerca de pessoas é sempre difícil até para um director «duro», mas quando a viabilidade da empresa está em jogo, há que actuar com cabeça fria. Manter uma pessoa que não está a funcionar à altura das necessidades do cargo vai gerar problemas de desempenho, que ninguém duvide. Assim, o melhor para a empresa e para o empregado é deixá-lo ir e contratar outro que satisfaça as expectativas.

Mas há algo mais a considerar: o número de escalões da estrutura. Está provado que quanto maior for o número de escalões, mais burocracia e menos capacidade de adaptação tem a empresa.

É óbvio que um corpo obeso, continuando com a nossa analogia com o corpo humano, tem mais dificuldades de se mover do que um corpo esbelto. Igualmente, se a nossa estrutura é obesa e com demasiados níveis demorará a adaptar-se a uma mudança importante no meio.

Em suma, o director deve estar vigilante quanto à adequação da estrutura da sua empresa à situação do meio e fazer as mudanças necessárias rapidamente quando as circunstâncias o exijam; para isto pode fazer-se as seguintes perguntas:

Perante esta nova situação confirmada ou muito provável, que mudanças devemos fazer na estrutura?:

- Menos níveis? Mais?
- Novos departamentos? Menos?
- Novos postos? Menos?
- Alterar as funções de um ou de alguns lugares?
- Alterar os objectivos de um ou mais lugares?
- Fazer alterações nos níveis de decisão de um ou mais postos?
- Fazer mudanças nos ocupantes dos postos? Porquê?

Não posso fechar este capítulo sem mencionar o que Jack Welch costumava fazer ano após ano na General Electric quando era o seu presidente executivo:

Depois de fazer uma avaliação muito rigorosa de todo o pessoal, separava este em três compartimentos:

Um, que representava 20% de toda a equipa. Eram as estrelas, os empregados facilmente promovíveis.

Um segundo, que equivalia a 70% do pessoal. Eram os que faziam o grosso do trabalho. Não eram os mais brilhantes, mas trabalhavam duro e bem.

O terceiro, equivalente a 10% do conjunto. Eram os prescindíveis. Os *impromovíveis*. A estes despedia-os porque estava convencido de que nem à empresa nem a eles lhes convinha continuarem associados.

Este método parece ser duro e injusto, mas não o é assim tanto: uma pessoa que não funciona bem numa empresa, não pode estar feliz e o melhor será que procure um novo emprego noutra empresa onde possa crescer.

ASSEGURAR QUE A EMPRESA SEJA UMA CRIADORA DE VALOR PERMANENTE

Que significa criar valor? Diz-se que uma pessoa cria valor para a organização quando o valor que produz excede o valor do que consome. Geralmente fala-se de valor em relação aos clientes. Criar valor para o cliente é o lema que muitas empresas exaltam. Mas uma empresa só deve criar valor para o cliente? E o que se passa com os accionistas e os empregados? Não merecem receber um valor superior ao que investem em dinheiro, trabalho e talento?

Os rendimentos sobre o investimento são uma forma de valor criado pela empresa para os seus accionistas. Os salários e outros benefícios tangíveis para os empregados são também uma forma de valor criado. Para os trabalhadores também existe outra forma de valor: o tratamento e as considerações que a Direcção tenha para com eles, assim como as oportunidades de superação que a empresa lhes proporciona.

Independentemente de que na missão e na estratégia esteja contemplado a criação de valor, é muito importante que o director isole o conceito e o olhe como uma tarefa muito específica que não pode iludir.

Toda a empresa, a gerência e todo o pessoal, devem ser criadores de valor constantes, primeiro, porque criar valor é a verdadeira razão de existir de toda a entidade económica e, segundo, produz benefícios económicos e psicológicos para todos os implicados: directores, empregados, accionistas, clientes, sociedade.

Então, sendo isto tão importante, o director deve assegurar-se de que todos os dias em cada transacção se crie valor.

Para passar dos conceitos abstractos à prática vejamos algumas formas de criar valor:

Para o cliente

– Oferecer-lhe um produto que satisfaça plenamente as suas necessidades ou gostos a um preço inferior ao valor percebido pelo cliente. Quando o seu cliente diz: «Custou-me muito barato», na realidade está a dizer que recebeu um valor superior ao preço pago. O que foi dito acima significa, pois, que o director deve assegurar-se que o produto que a sua empresa fabrica satisfaça os gostos ou necessidades do comprador e de que tenha um preço que este considere justo ou mesmo barato. E, obviamente, o director deve assegurar-se que o produto tenha alta qualidade, para que satisfaça o cliente durante muito tempo, porque, como bem sabemos, há produtos baratos que a longo prazo saem caros.

- Atender o cliente com respeito, fazendo com que se sinta importante, de maneira que perceba que o tempo e dinheiro investido na nossa empresa foram bem empregues.

Para o pessoal

- Oferecer-lhe salários justos de acordo com a capacidade económica da empresa e com o trabalho que desempenhe cada empregado, de maneira que perceba que está a receber um valor superior ao esforço que investe no trabalho.
- Proporcionar-lhe oportunidade de superação, de forma perceba que o seu investimento em trabalho e talento está a ser recompensado em possibilidades de desenvolvimento.
- Recompensar as suas contribuições especiais, mediante bónus e pagamentos extraordinários, assim como através de reconhecimentos intangíveis, de forma que sinta que o seu esforço adicional recebe um valor especial.

Para os accionistas

- Entregar-lhes um rendimento sobre o seu capital investido na empresa que seja superior ao obtido noutro tipo de investimento.
- Fazer com que se sintam orgulhosos de ser sócios de uma empresa próspera e valiosa do ponto de vista social, de maneira que desejem continuar a apoiá-la com o seu capital.

Para a sociedade

- Entregar-lhe os impostos justos e oportunos como pagamento pela oportunidade de operar na comunidade, de maneira que veja a empresa como uma contribuidora para o desenvolvimento económico comunitário.
- Fazer com que se sinta orgulhosa de ter a empresa no seu seio por esta ser uma cidadã empresarial que gera empregos justamente remunerados, que cuida do meio ambiente, que cumpre com as suas obrigações fiscais e que realiza actos filantrópicos em benefício da comunidade onde opera.

Obviamente, para criar valor de maneira contínua, o director deve prestar atenção até aos mais pequenos detalhes, uma vez que são estes, no seu conjunto, que criam aquilo que é importante. Perder de vista os detalhes evita que se crie valor onde mais se necessita. Os pequenos descuidos, no seu conjunto, podem destruir o valor em muitas áreas da empresa. Por exemplo, se descuidamos a limpeza, a percepção de valor que tenham os empregados e os clientes que nos visitem pode ver-se diminuída em menor ou maior grau. Por esta razão, o director deve estar atento a tudo o que possa destruir valor, mas sobretudo a tudo o que represente uma oportunidade de criar valor.

PROPICIAR A MOTIVAÇÃO
E A PRODUTIVIDADE DO PESSOAL

A primeira coisa que se deve reconhecer é que ninguém pode motivar outra pessoa, uma vez que a motivação é interior e depende se cada um a busca e a aplica ou se não deseja fazê-lo. O máximo que um director pode fazer é proporcionar a motivação através de diferentes estratégias, das quais falaremos mais adiante.

Antes de aplicar qualquer estratégia é necessário saber qual é o grau de motivação que predomina na empresa. Para isso, é necessário realizar pesquisas periódicas, mas o mais importante é que o director avalie a motivação de maneira pessoal, falando com as pessoas e observando a sua conduta em diferentes situações. Os gestores que reportam ao director devem fazer o mesmo com o seu próprio pessoal. É óbvio que há a tendência para cobrir falhas, pelo que a opinião dos gestores pode não ser de todo objectiva. Dificilmente um chefe reconhecerá perante o seu superior que o seu pessoal não está satisfeito. Enfim, é absolutamente necessário conhecer o clima motivacional existente na nossa empresa porque um descuido pode ir de uma baixa de produtividade até a uma greve.

O director-geral ou director de Recursos Humanos deve estar muito atento ao que se passa com a motivação e deve informar o director-geral sobre qualquer acontecimento ou situação que possa desembocar num problema com o pessoal. A propósito, o cargo de director de RH deve ser ocupado por uma pessoa que respeite rigorosamente os direitos dos trabalhadores. A não ser assim, corre-se o risco de ter uma baixa motivação na maioria dos funcionários, com a ameaça que isto significa.

O director-geral não pode estar desligado da administração dos recursos humanos; pelo contrário, deve estar sempre muito atento a tudo o que se passa nessa área tão delicada e tomar decisões oportunas e bem pensadas para evitar conflitos com o pessoal.

Talvez seja já tempo de eliminar o conceito de recursos humanos, que tende a coisificar as pessoas. Creio que é melhor falar de desenvolvimento humano porque, ao fim e ao cabo, as empresas desenvolvem-se sustentada e rentavelmente se o pessoal se desenvolver também. A produtividade e a aprendizagem são elementos de desenvolvimento e redundam em benefício da empresa.

Além disso, o nome de Departamento de Desenvolvimento Humano pode atrair mais pessoas talentosas para a empresa do que o nome de departamento de Recursos Humanos. No primeiro caso, o candidato poderia dizer: «Nesta empresa vou desenvolver-me», em vez de «Apenas serei um recurso mais», como poderia dizer no segundo caso.

Jim Collins, um dos principais gurus dos negócios, disse recentemente na revista *Fortune* que a excelência duradoura nas empresas provém mais das decisões sobre o pessoal do que das estratégias.

Todos os anos, organizações e revistas de negócios realizam pesquisas para identificar as empresas mais admiradas e as melhores para trabalhar. Em vez de dizer quais são as mais admiradas este ano, apenas direi por que razão são admiradas no que se refere à relação com o pessoal. Esta é uma lista das coisas que fazem pelo seu pessoal:

– Pagam bons ordenados.
– Tratam dignamente o seu pessoal.
– Proporcionam-lhes oportunidades de desenvolvimento.
– Tratam-nos com consideração.
– Habilitam-nos.
– Dão bolsas aos seus filhos.
– Oferecem-lhes um serviço de refeitório.
– Concedem-lhes empréstimos em casos de emergência.
– Dão-lhes apoio económico em caso de morte de familiares próximos.

- Dão-lhes a oportunidade de ter um horário flexível.
- Oferecem-lhes bolsas para pós-graduações.
- Têm acordos com lojas de roupa, calçado, material escolar, ópticas, etc., para obter descontos.
- Dão-lhes a tarde de sexta-feira se distribuírem esse tempo durante os restantes dias úteis.
- Permitem-lhes usar roupa informal à sexta-feira.
- Têm serviço de ginásio.
- Proporcionam-lhes consultas de nutrição.
- Oferecem-lhes ajuda para comprar casa.
- Oferecem-lhes apoio psicológico.
- Têm uma política de porta aberta para falar com o director-geral.
- Celebram os aniversários com bolo e uma remuneração extraordinária.
- Oferecem presentes às mães no Dia da Mãe.
- Dão prémios aos estudantes, filhos dos funcionários que tenham obtido boas notas.
- Celebram os dias especiais do ano.
- Organizam uma refeição com música ao vivo no fim de ano.
- Organizam piqueniques uma ou duas vezes por ano.
- Patrocinam equipas desportivas.

Obviamente que isto não é tudo. Poderia encher várias páginas com ideias como as anteriores. Felizmente há vários livros repletos de actividades para impulsionar a motivação dos trabalhadores. Eis alguns:

Sharon Good, *Managing With a Heart*, Sourcebooks, 1997.
A. Carol Shacker, *366 Surefire ways to Let Your Employees Know They Count*, D. C. Press, 2002.
Robert Levering, *A Great Place to Work*, Avon, 1998.
Bob Nelson, *101 Ways to Reward Employees*, Workman, 1994.

Depois de ler a lista de actividades mencionada acima, alguns directores de pequenas e médias empresas dirão que isso é para as grandes empresas. A minha resposta a essa atitude é a seguinte: não é necessário que façam tudo. A minha empresa é pequena e, no entanto, posso fazer várias das actividades da lista. Se realmente o nosso pessoal nos interessa muito, poderemos sempre tirar alguns euros ao nosso negócio para dá-los ao nosso pessoal, para além dos salários e prestações de lei, para lhes dizer: «Obrigado pelo seu esforço e dedicação».

Mas, além disso, há um outro método de motivação que não custa nada a não ser um pouco de sola dos sapatos. O método passa por visitar os funcionários nos seus postos de trabalho e falar com eles acerca do que estão a fazer e, porque não?, acerca da sua família. Mas quando fizer isto, demonstre também com a sua linguagem corporal que realmente está interessado no que eles dizem.

CRIAR UM AMBIENTE DE TRABALHO QUE FOMENTE O BEM-ESTAR, A SUPERAÇÃO E UMA ALTA PRODUTIVIDADE

Pode ter-se produtividade numa empresa onde os empregados se dêem como cães e gatos? A resposta é óbvia: NÃO! Então, não é tarefa indispensável do director assegurar que o pessoal conviva em paz, com possibilidades de se superar no trabalho, pois não é razoável que os empregados se superem no seu emprego uma vez que é onde passam a maior parte da sua vida? Eu penso que sim e que é responsabilidade do director criar as oportunidades de superação para o seu pessoal.

O que foi dito acima não significa que se criem postos de trabalho a eito, só para promover os empregados. A superação de um funcionário não significa necessariamente ascender a um cargo mais bem pago; significa também ser melhor no que faz; significa obter reconhecimento pela qualidade do seu trabalho e pelas contribuições especiais que faz para o desenvolvimento da companhia.

Superar-se pessoalmente significa dar o melhor de si, desenvolver as suas capacidades, aplicar o seu talento. O director não deve esquecer que todas as pessoas desejam sentir-se únicas, ser parte de algo maior do que elas, ser útil a outros, compreender a sua vida e os seus problemas. Estas são necessidades do pessoal que o director deve tentar satisfazer até onde lhe seja possível.

Muitos directores pensam que a única maneira de fazer com que o pessoal se sinta superado é pagando-lhe mais. Penso que é uma visão muito míope.

Na minha experiência como director numa indústria de escassos recursos e pouco ou nulo crescimento e onde os salários não são tão generosos como noutras indústrias mais ricas, aprendi que o dinheiro, sem deixar de ter importância, não é o mais importante na vida de um trabalhador. Existem muitas maneiras de pagar as contribuições dos funcionários sem quebrar a empresa e sem criar desigualdade. Se é verdade que para postos de trabalho similares, salários iguais, também é verdade que há que reconhecer e recompensar os desempenhos e contributos mais notáveis. Como? A seguir dou algumas ideias.

Os contributos e desempenhos extraordinários podem reconhecer-se com:

- Bónus de desempenho ou produtividade
- Autorizações especiais para faltar ou chegar tarde em algumas ocasiões justificadas.
- Diplomas ou outro tipo de reconhecimento tangível.
- Dias de férias adicionais.
- Assistir a cursos ou seminários fora do programa de habilitação normal.
- Convite para tomar o pequeno-almoço ou almoçar com o director.
- Memorando do director, reconhecendo a actuação do funcionário.
- Aviso no quadro do pessoal, reconhecendo o trabalho dos empregados que mais se notabilizaram.
- Entrega de presentes úteis pessoalmente ou em casa a empregados que tenham contribuído para o desenvolvimento da empresa para além do seu dever.

Enfim, a lista de reconhecimentos pode ser muito longa. Sugiro a leitura do livro *1001 Ways to Reward Employees*, de Bob Nelson, que recomendei no capítulo anterior.

Mas há uma coisa que o director deve considerar: a inveja dos empregados que não recebem reconhecimentos porque não merecem. O problema é que muitos pensam que merecem. A solução é especificar claramente por que razão um funcionário recebe um reconhecimento.

Não deve ficar qualquer dúvida de que o empregado não merecera tal reconhecimento.

Existem outros tipos de reconhecimento geral quando a empresa vai bem. Dou algumas sugestões:

- Organizar piqueniques periódicos.
- Oferecer um almoço a todo o pessoal, sem motivo aparente.
- Organizar eventos desportivos entre o pessoal.
- Celebrar ocasiões especiais como o Natal, com um bolo-rei, e depois celebrar a Páscoa com amêndoas.
- Organizar um almoço de fim de ano onde se possam premiar os funcionários que mais se notabilizaram ou aqueles que cumpram 5, 10, 15 ou mais anos de casa. Além disso, podem realizar-se rifas de ofertas proporcionadas pela própria empresa e pelos principais fornecedores da empresa. Não se trata de rifar automóveis ou produtos caros. O pessoal ficará feliz por ganhar um produto que lhe possa ser útil ainda que não seja um carro. Ora bem, o segredo do êxito desta actividade é que todos os funcionários ganhem alguma coisa.

Abundam os métodos para reconhecer o pessoal de forma individual ou em grupo sem gastar uma fortuna. Recomendo que se inclua no orçamento uma verba para cobrir este investimento, porque não é uma despesa, já que tudo o que ajude a melhorar a produtividade do pessoal deve ser visto como um investimento muito rentável.

Mas isto não é tudo, o ambiente de trabalho também é afectado pelos aspectos físicos do lugar onde se trabalha. Uma boa ventilação, iluminação suficiente, limpeza e ordem, cores adequadas, plantas e flores, espaço apropriado, etc., são factores que ajudam o funcionário a sentir-se bem durante o dia de trabalho. Por tudo isto, é necessário que o director se certifique de que o lugar de trabalho seja ele próprio um convite para trabalhar com gosto.

ASSEGURAR-SE QUE NA EMPRESA SE GERE E AUMENTA O CONHECIMENTO NECESSÁRIO PARA A OPERAÇÃO DIÁRIA E PARA O DESENVOLVIMENTO FUTURO

Um futurólogo expressou o seguinte: «Estamos a asfixiar-nos em informação, mas a morrer de sede de conhecimento». Quão verdadeira é esta afirmação! Temos acesso a muitíssimos gigabytes de informação na nossa empresa, mas podemos ter problemas de qualidade por falta de conhecimentos num trabalhador.

Aceitemo-lo; o conhecimento, que é a matéria-prima da inovação, transformou-se no novo e mais importante factor de produção. As empresas que não entendam isto e actuem em consequência, estarão destinadas ao fracasso e o pior é que esse fracasso acontecerá demasiado cedo, até porque a mudança está a acontecer cada vez mais depressa.

Apesar do que foi dito acima, muitos directores ainda vêem as habilitações como um gasto e não como um investimento. Outros vêem-na como um meio de compensação para o seu pessoal, como um prémio. Infelizmente, muitos seminários, mais do que fontes de aprendizagem são fontes de entretenimento. Não se busca a profundidade, mas sim a diversão. Muitos participantes consideram boa uma conferência se os fez rir, se foi amena, mais do que se fosse proveitosa no verdadeiro sentido da palavra.

A esses directores que dão prioridade à diversão sobre a aprendizagem, digo-lhes: sai-lhes mais barato contratar um palhaço do que um conferencista simpático mas superficial. O ideal é contratar alguém que faça pensar o seu pessoal, ainda que não lhes dê a oportunidade de se rir.

Devemos reconhecer que o conhecimento é uma forma de capital: capital intelectual; portanto, acumulá-lo e aplicá-lo é um investimento e é da responsabilidade do director mostrar o caminho na sua empresa.

Muitos directores ainda se questionam como determinar a rentabilidade deste tipo de capital. Já existem métodos para o fazer, mas, mais do que tratar de calcular a rentabilidade do investimento em conhecimento, devemos convencer-nos de que o capital intelectual é necessário, primeiro para sobreviver e, segundo, para permanecer competitivo. Esta é a razão pela qual o capital intelectual é uma variável estratégica e, portanto, deve receber toda a atenção da gestão de topo. Mais, não deve ser colocado sob tutela do departamento de Recursos Humanos, mas deverá estar numa direcção concebida especificamente para a criação de capital intelectual; e em pequenas e médias empresas o próprio director deve supervisionar esta função vital com a ajuda do seu quadro directivo.

Uma das principais tarefas que o director deve realizar em relação à acumulação de conhecimento é assegurar que este é partilhado em toda a organização, porque é muito perigoso que apenas uma pessoa possua um certo tipo de conhecimento importante para a empresa, porque se esse funcionário abandona a companhia, seja por que motivo for, levará com ele parte do capital.

Infelizmente, o capital intelectual que possui um indivíduo não se pode segurar com uma apólice de seguro. Esse indivíduo também leva todos os dias esse capital para casa, especialmente quando se trata de conhecimento tácito, ou seja, quando não se pode plasmar em papel ou em suporte electrónico.

Dou um exemplo de conhecimento tácito: é o conhecimento que possui um editor de livros, especialmente de romances. É tácito porque não pode treinar ninguém para que possa determinar se um romance tem um bom futuro comercial. Não é questão de escrever uma «checklist»; oxalá fosse assim tão fácil. Requer-se o que na indústria editorial se chama «faro» e isso só se ganha com experiência. Exemplos de conhecimento tácito existem em todas as indústrias.

Por outro lado, o conhecimento explícito é facilmente transferível. Pode-se ensinar através de instrução e prática. Além disso, pode ficar por escrito em qualquer suporte, de maneira a que outra pessoa, ao lê-lo e aplicá--lo, possa aprender sem grande dificuldade.

O capital intelectual, comparado com outros activos da empresa, não se desvaloriza nem se gasta e pode ganhar valor com o tempo (curva de aprendizagem), ainda que se possa tornar obsoleto; daí a necessidade de uma actualização contínua.

Creio que já o convenci da necessidade de gerar e salvaguardar o conhecimento, agora devo dizer-lhe como fazê-lo:

1º Identifique o conhecimento necessário em cada posto da sua empresa, incluindo o seu.
2º Verifique se as pessoas nos diferentes cargos possuem, de facto, o conhecimento necessário.
3º Determine, com base no ponto anterior, qual o défice de conhecimento em cada cargo.
4º Prepare um plano de actualização de conhecimento para toda a empresa.
5º Implemente o plano.

Estes passos referem-se somente à actualização, ao facto de ter em dia o conhecimento da sua empresa, mas o que acontece com o conhecimento necessário para desenvolvimento futuro da organização?

Se está a monitorar o meio continuamente, já deve saber que são necessários novos conhecimentos para levar a sua empresa para um novo nível; portanto, deve realizar outras actividades:

1º Determine quais são os novos conhecimentos requeridos.
2º Defina onde devem estar (em que postos de trabalho).
3º Prepare um plano de aquisição desses conhecimentos.
4º Implemente o plano.

Mas também se deve preocupar (e ocupar-se) por adquirir novos conhecimentos. Não se trata de se transformar num especialista, mas que entenda de uma forma generalizada, para que não lhe falem em «chinês», quando se discute alguma situação relacionada com conhecimentos especializados.

O que foi dito acima não significa que deva andar de seminário em seminário, porque talvez alguns deles não lhe servissem para nada, excepto como distracção da rotina diária. Quando escolher ir a um seminário, determine antes se realmente lhe será proveitoso. Hoje, há uma grande oferta de cursos e seminários baseados em técnicas de gestão que estão na moda que, no final de contas, não servirão para a empresa. Também se oferecem seminários com gurus como Covey e Welch, que custam muito dinheiro. Antes de se inscrever, questione-se se com essa verba não poderia contratar um especialista que pudesse dar uma aula privada a si e aos seus executivos sobre uma técnica X.

A verdade é que assistir a um seminário com um guru, mais do que servir-lhe para adquirir conhecimentos, servir-lhe-á de motivação: «Se ele conseguiu, por que não eu». Ouvir Jack Welch acerca de como transformou a General Electric na empresa com melhor avaliação na década de 90 é altamente inspirador. Quando uma pessoa sai da conferência está disposta a fazer de imediato as mudanças necessárias na sua empresa. Infelizmente, poucos cumprem esse propósito. A maioria esquece-se ao fim de uma ou duas semanas ou, pelo menos, começa a procurar razões que justifiquem não ser possível fazer essas alterações: a maldita complacência.

Enfim, é da sua responsabilidade que o conhecimento aumente e flua na sua empresa no sentido de que esta se mantenha activa no campo de jogo e com grandes possibilidades de ganhar.

CONTINUAR
A SUA PREPARAÇÃO DIRECTIVA
PERMANENTEMENTE

Seria demasiado arrogante por parte de um director afirmar que já sabe tudo o que necessita para dirigir bem. A verdade é que não existe o director perfeito, o director sabichão, o director infalível.

Mesmo os grandes directores da história dos negócios reconheceram que não sabem tudo. Jack Welch, considerado o melhor director executivo do século XX, admitia a importância da sua preparação contínua e, obviamente, de toda a organização.

As empresas de hoje devem ser organizações de aprendizagem, porque só o conhecimento pode mantê-las competitivas. O seu capital intelectual é o seu activo mais valioso, como disse num capítulo atrás. Mas, como em casa, o director (a figura paterna) deve dar o exemplo, preparando-se continuamente; assim, o seu pessoal reconhecerá a importância da aprendizagem no seu desenvolvimento pessoal.

O director deve identificar as suas próprias necessidades de aprendizagem. Que necessito saber para ser mais eficaz como director? Deve ser a primeira pergunta. A segunda é: como e onde posso obter esse conhecimento? A primeira pergunta é a mais difícil, porque a vaidade pode responder-lhe: «Já sabes tudo o que necessitas». A segunda pergunta tem respostas fáceis, uma vez que são muitos os cursos e seminários, assim como programas de desenvolvimento executivo, que oferecem programas de muito alto nível baseados em estudos de casos em associação com faculdades de negócios.

Eu participei num delineado especificamente para os directores-gerais e presidentes de empresas e devo dizer que foi muito proveitoso. Além disso, ofereciam um programa de continuidade e actualização para os que participaram no programa.

Mas há muitas opções. Outras instituições oferecem conferências de directores ou consultores (principalmente americanos) de muito alto nível, tais como Jack Welch, Stephen Covey e outros considerados gurus da gestão. Estes seminários não são baratos, mas o investimento vale a pena, porque o director pode conhecer em primeira mão a maneira de pensar dos directores de categoria mundial.

Ora bem, quando um director assiste a estes seminários não deve pensar que vai aprender técnicas directivas, mas sim, muito melhor, aprender formas de pensar que o ajudarão a tomar as melhores decisões. Só se assistir com este propósito poderá aproveitar bem a sua presença e investimento, porque a verdade é que é quase impossível aprender técnicas numas quantas horas vários conferencistas.

Mas também há outros recursos de aprendizagem. Estão nos livros e nas revistas de negócios. E o que dizer da Internet, onde abunda o conhecimento a uns cliques de distância.

Desde logo, o trabalho quotidiano do director é fonte de conhecimento. Cada experiência directiva deve dar algum tipo de conhecimento. Infelizmente, muitos directores ficam cegos e não reconhecem esta verdade. O conhecimento no trabalho diário é contínuo, acessível e, muito importante, é grátis.

Não posso deixar de dizer que, por muito emocionante que pareça uma nova técnica na moda, não tem necessariamente de ser adequada à sua empresa. Muitas companhias arranjaram problemas por tentar adoptar uma determinada técnica de gestão só porque estava na moda, só porque o livro que a descreve está a vender-se como pão quente e porque o seu autor cobra uma fortuna pelas suas conferências e sessões de consultoria.

Nestes casos, o melhor é observar e esperar, porque dificilmente uma técnica que está na moda pode resolver de repente os problemas da maioria das empresas.

É óbvio que é mais fácil decidir que determinada técnica resolverá um problema do que estudá-lo a fundo e tentar descobrir a sua origem. O resultado pode ser que, depois de gastar uma pequena fortuna na aplicação de uma técnica, o problema persista, como uma barata.

Insisto, não se deixe levar pela emoção que gera uma técnica que esteja na moda. Estude-a bem e veja como se poderá adaptar à sua empresa, se resolve a situação e se o custo-benefício justifica a sua aplicação.

Uma sugestão que lhe faço em relação à aprendizagem é documentar todas as situações que se apresentem na sua empresa e as soluções que as resolveram. Porquê? Para aprender com elas e para evitar que voltem a acontecer, e, se se apresentarem de novo, saber como resolvê-las de imediato. Esta é a verdadeira aprendizagem organizacional. Este é o método de casos aplicado internamente.

FORMAR LÍDERES
DENTRO DA ORGANIZAÇÃO

Um director só poderá assegurar o futuro da sua empresa se formar líderes. Não é, obviamente, uma tarefa simples. E no desempenho desta responsabilidade é muito fácil alguém enganar-se. Como diz o provérbio «Quem vê caras não vê corações». Por vezes, estamos convencidos de que um funcionário será um grande líder, para descobrir pouco tempo depois que a única coisa que tinha era uma máscara de líder e um coração corrupto.

Jack Welch, ex-presidente da General Electric, foi um especialista no desenvolvimento de líderes; não é por acaso que muitos dos ex-executivos da General Electric chegaram a directores de grandes empresas. Ele sugere-nos três actividades para criar líderes de excelência:

1. «Deve *avaliar*, para se assegurar que as pessoas correctas estejam nos lugares certos e deverá apoiar e promover os que estão e mudar os que não estão».

2. «Tem de aplicar o "coaching", guiando, criticando positivamente e ajudando as pessoas a melhorar o seu desempenho em todos os aspectos».
3. «E, finalmente, deve gerar autoconfiança, distribuindo estímulos, consideração e reconhecimento».

Como existe alguma confusão acerca do que «desenvolvimento de liderança» significa, vou dar imediatamente a definição da expressão; tiro-a do livro *Handbook of Leadership Development*, de McCauley, Moxley e Velsor (editores), Jossey-Bass, 1998.

«Definimos desenvolvimento de liderança como a expansão da capacidade de uma pessoa para ser eficaz em papéis e processos de liderança. Os papéis e processos de liderança são aqueles que permitem a grupos de pessoas trabalhar juntos de maneira produtiva e significativa».

Sempre pensei que a melhor maneira de descobrir e criar líderes é ajudando as pessoas a superar-se. É incrível a maneira como uma pessoa se descobre como líder no momento em que reconhece o seu potencial e deseja desenvolvê-lo ao máximo. É como descobrir David dentro de um bloco de mármore.

Muitos directores pensam, erroneamente, que o desenvolvimento de liderança consiste unicamente em preparar o seu sucessor. A verdade é que é da responsabilidade directiva desenvolver quantos líderes lhe seja possível. É óbvio que surgirão conflitos interpessoais, mas até estes servirão para distinguir o trigo do joio. Servirá para que caia a máscara a todos aqueles que só pretendam ser líderes quando na realidade estão longe de o ser.

Jack Welch criou muitos líderes e não foi por isso que se geraram problemas na empresa. É óbvio que se necessita de um líder superior à frente de um grupo de líderes para evitar que surja o caos. Mas se se privilegia a ética como factor fundamental da liderança, reduz-se a possibilidade de problemas interpessoais.

Sim, a ética deve permear toda a organização. Os valores devem estar na raiz de toda a empresa. Quando apodrecem, a árvore, ou seja, a empresa, deteriora-se e acaba por morrer. Vimos isto recentemente nos escândalos de Enron Tyco, WorldCom e noutras empresas que destruíram milhares de postos de trabalho e milhares de milhões de dólares de riqueza económica nos Estados Unidos e noutros países onde operavam.

Por tudo o que foi dito acima, creio que o ensinamento é que, como directores, temos a obrigação de formar líderes íntegros – na medida do possível para que nos ajudem a conduzir as nossas empresas por um caminho balizado pelos valores mais elevados. Devemos recordar sempre que SER BOM É RENTÁVEL.

MANTER UMA EQUIPA
DIRECTIVA FORTE
E INTEGRADA

Um director não pode dirigir sozinho uma empresa, nem sequer uma pequena. Necessita de uma equipa de executivos da sua confiança que possam substituí-lo na sua ausência. Parece fácil, mas a verdade é que leva tempo a constituí-la. Pode dizer-se que é um processo de tentativa e erro. Não há maneira de garantir que um subordinado trabalhe como se quer.

Formar uma equipa forte de colaboradores próximos é um trabalho de amor, de confiança, de paciência e de prudência, porque um erro pode sair muito caro. Na minha carreira directiva cometi erros graves na selecção de subordinados que custaram dinheiro à minha empresa.

A pergunta que estará seguramente a fazer é a seguinte: como evitar equívocos ao escolher os seus colaboradores? Não existe uma resposta simples. A que mais pode aproximar-se da realidade é esta:

Escolha o seu pessoal mais próximo com o mesmo cuidado que escolheria o seu cônjuge. A selecção da equipa directiva tem esta importância.

A confiança é o elemento mais importante na relação com os colaboradores mais próximos. Se não existir, perde-se a razão fundamental para manter uma pessoa na equipa directiva. A confiança permite ao director ter tranquilidade e poder dedicar-se ao seu trabalho básico: dirigir.

Mas ainda que tenha plena confiança na sua equipa de colaboradores mais próximos, o director deve supervisionar o trabalho de cada um através de reuniões semanais em que todos participem, independentemente de ter reuniões individuais com cada um deles.

As reuniões de grupo são importantes porque permitem aos membros do corpo directivo estar informados de tudo o que acontece nos diferentes departamentos da empresa. Além disso, os gestores podem ajudar-se entre si para resolver problemas e tomar decisões.

Uma das regras para as reuniões semanais é que cada gestor expresse com franqueza os problemas que tenha na sua área de responsabilidade. O objectivo é que os outros gestores o ajudem a resolvê-los, com o único interesse de que a empresa, como um todo, funcione com eficácia.

Obviamente, a franqueza não aflorará se um dos membros da equipa directiva assumir uma posição de prepotência, de infalibilidade. O director, neste caso, deve chamá-lo a atenção, mas de maneira diplomática.

Há que reconhecer que, como em todo o grupo, pode haver inveja ou ciúme, por isso o director deve ser muito hábil para evitar que essas paixões transbordem e produzam fracturas na equipa.

As reuniões semanais não têm apenas como propósito informar acerca do estado de coisas de cada departamento. Servem também para que o director despache tarefas especiais atribuídas a cada gestor.

Como é óbvio, nem sempre os gestores estarão dentro dos prazos com trabalhos pendentes, por diferentes razões. Nestes casos, embora a tentação de repreendê-los em público seja muito grande, o director deve abster-se e esperar até depois da reunião para falar a sós com o gestor em causa.

Para realizar um trabalho de acompanhamento eficaz, é necessário que o director conte com uma ferramenta que pode ser tão simples como uma lista de pendentes de cada gestor. No meu livro *IMPLEMENTAÇÃO: a Arte de Transformar Planos de Negócios em Resultados Rentáveis*, proponho um sistema simples, mas eficaz, para fazer o acompanhamento das tarefas distribuídas aos gestores.

«Os trabalhos não se esperam, supervisionam-se», deve ser o seu lema. Não importa quanta confiança tenha no seu pessoal – a fragilidade humana, por vezes, é maior e pode provocar problemas de actuação – deve acompanhar frequentemente todos os pendentes que tenha distribuído e tomar decisões correctivas imediatamente quando for necessário.

Não basta ter reuniões de trabalho semanais para manter a equipa unida. Também é necessário efectuar reuniões de carácter social com eles. Uma maneira de o fazer é celebrar o aniversário de cada um com um almoço de grupo. E quando não houver aniversários para celebrar, usar qualquer pretexto para almoçarem juntos.

Outro aspecto que o director deve atender é o das relações entre gestores. Não é conveniente para ninguém que haja conflitos entre os membros do corpo directivo de uma empresa porque podem provocar graves problemas para a organização. Como evitá-lo?

Estando muito atento. Nas reuniões de trabalho ou sociais, o director deve observar cuidadosamente o tipo de relação que parece existir entre o seu pessoal e quando notar algo estranho deve agir de imediato para limar arestas antes que se caia numa crise.

O director deve estar consciente de que é possível que tenha de deixar ir algum gestor que não consiga adaptar-se ao grupo, não importa quão brilhante seja. A integridade do grupo directivo é fundamental para o bem-estar e desenvolvimento da empresa.

Uma recomendação no que se refere à gestão da equipa directiva: o director deve evitar a familiaridade com um ou mais membros do grupo. Isto porque a familiaridade ou intimidade social pode conduzir a favoritismos e prebendas especiais para alguns, o que, obviamente, não será bem visto pelos não favorecidos. Manter o equilíbrio neste aspecto é difícil, mas indispensável para manter uma equipa forte e integrada.

Uma responsabilidade obrigatória do director é assegurar que cada gestor esteja devidamente capacitado para desempenhar com alta eficácia as funções do seu lugar, porque a ignorância se paga caro. Por isto, o director deve estar muito atento às necessidades de conhecimento do seu pessoal. Mais: como estratega e «leitor» do futuro, deve antecipar-se e zelar para que o seu pessoal se capacite para se adiantar à mudança porque, deste modo, esta não chegará como um *tsunami*.

A prova de que conseguiu criar um grupo idóneo é quando pode ir de férias durante um mês ou mais e a empresa continua a funcionar tão bem (ou melhor) do que quando ele está presente.

Mas isto não é tudo. É absolutamente necessário que o director tenha um substituto, pelo menos um, para quando um executivo se demite intempestiva ou programadamente. É terrível quando um executivo importante se demite e não há ninguém para o substituir. Embora a situação neste caso não seja letal, dela resultam sempre algumas complicações. Mais: o director tem de o suprir enquanto não encontra um outro executivo. Por isso, há que ter dentro da empresa um ou mais funcionários que possam substituí-lo.

ESCOLHER E PREPARAR
UM SUCESSOR

Numa das coisas que um director menos pensa é que um dia terá de deixar o cargo, seja por que razão for. Contudo, deve fazê-lo; deve pensar na sua mortalidade, ainda que tenha uma saúde invejável. A idade cronológica não pára ainda que a idade biológica e a idade mental estejam abaixo da primeira. Mais tarde ou mais cedo o corpo acaba por nos passar a factura pelos serviços prestados e não nos resta senão pagá-la.

Em função do que foi dito acima, e cumprindo com a nossa responsabilidade, devemos planear a nossa sucessão oportunamente. Parece fácil, mas não é. Quem é a pessoa ideal para me substituir no meu cargo? E se me engano? – Que efeito terá na empresa se erro ao escolher o meu sucessor?

Por vezes, gostaríamos de ter um clone de nós mesmos para o colocar no cargo e, assim, podermo-nos retirar sem problemas, mas isso até agora não é possível, pelo que o melhor é enfrentar o problema com sabedoria.

A primeira coisa que se deve considerar é que é impossível encontrar um sucessor que pense e actue como nós. De facto, esperar isso é um acto de arrogância. O que nos faz pensar que somos o máximo, que a empresa necessita de alguém exactamente como nós para continuar a ter êxito (supondo que o fosse)? Perante esta pergunta, devemo-nos conhecer melhor para saber quais das nossas características são benéficas para a empresa e quais são nocivas.

Teremos indubitavelmente algumas características pessoais que não fazem favor nenhum à organização. Mas quais são? Identificar os nossos defeitos nunca foi fácil, especialmente quando tivemos uma vida que poderia qualificar-se como de triunfo.

Mas devemos identificá-los porque não as queremos no nosso sucessor. Este devia ser, idealmente, melhor que nós, em particular naquelas áreas das quais depende o êxito futuro da empresa. Podemos, então, dizer que devemos procurar um sucessor que funcione melhor do que nós no futuro. É verdade, o futuro é imprevisível, mas deixa-nos entrevê-lo. O presente dá-nos indícios contínuos do que pode ser o futuro. Esses indícios são a base para sabermos de que tipo de director necessitará a empresa.

A tendência de muitos directores é escolher um sucessor que seja como ele em quase todos os aspectos. Porque o fazem? A única coisa que me ocorre responder é o seguinte: por egolatria, por arrogância e prepotência, porque se sentem insubstituíveis, porque não pensam no futuro da empresa mas unicamente na sua permanência eterna na memória da organização. São como os Césares romanos ou os reis-deuses egípcios em busca da imortalidade.

Realmente, um director, desde que ocupa a cadeira máxima na empresa, deve começar a procurar o seu sucessor, o que significaria que pensa na sua mortalidade. Isto é muito saudável para a empresa.

Mas como efectuar essa busca? Dou algumas ideias:

- Identifique as capacidades que o seu sucessor deve ter (repito-lhe que não têm de ser necessariamente as que possui hoje, mas aquelas que a empresa necessitará no futuro quando já não se encontrar no seu cargo).
- Procure nos seus colaboradores essas capacidades, mas também os defeitos que possam prejudicar a empresa.
- Se não as encontrar, questionar-se se podem desenvolver-se.
- Se pensar que é difícil desenvolverem-se, questionar-se se deve mudar algum gestor mais fraco e recolocá-lo com alguém que tenha as capacidades requeridas ou que possa adquiri-las sem grande problema. Isto pode parecer drástico e injusto, mas o director deve assegurar a sobrevivência e o vigoroso

desenvolvimento da empresa e dos seus postos de trabalho, seja quase a que custo for.
- Se encontrar o ou os candidatos adequados dentro da empresa, deverá começar a prepará-los, não só nos aspectos técnicos, como também na tomada de decisões de alto nível. Como fazer isto? Falando com eles acerca dos seus processos de pensamento para chegar a uma decisão. Pedindo-lhes também as suas opiniões acerca de como decidir sobre alguma coisa. As reuniões semanais são ideais para identificar a maneira de pensar de cada gestor. O que o director deve procurar entre o seu pessoal é sabedoria, mais do que inteligência e conhecimento, porque o êxito das organizações radica mais na sabedoria do seu director do que noutros factores.

Se conta com Conselho de Administração (CA), deve envolvê-los na busca de um sucessor, mas há que ter cuidado, porque a primeira tendência dos membros do CA é pensar em alguém de fora. Para evitar isto, faça-lhes saber que dentro da empresa há candidatos viáveis, se é que os há; se não há, seja franco e admita-o. Obviamente que esta admissão funcionará contra si, porque uma das suas tarefas é preparar um sucessor e se não o fez não cumpriu com essa responsabilidade. Mas há que dizê-lo por honestidade.

Um último ponto acerca deste assunto tão complexo é que o director deve despojar-se dos seus sentimentos acerca de um gestor. A selecção de um sucessor deve ser cerebral mais do que intuitiva porque está muita coisa em jogo. A amizade não deve jogar nenhum papel na escolha final. Este é o princípio fundamental a considerar nesta decisão vital.

SER O GUARDIÃO DOS VALORES E DA REPUTAÇÃO DA EMPRESA

Depois de ver os fiascos da Enron, Tyco, WorldCom e de outras empresas importantes, uma pessoa questiona-se:

Não existem valores e virtudes nas organizações? Será certa aquela afirmação de Oscar Wilde: «Um homem de negócios é quem sabe o preço de tudo e o valor de nada»? Será que os valores e o lucro estão às avessas?

Depois de ter lido muito sobre este assunto, concluo que as melhores empresas do mundo vivem sob o guia de valores e princípios de alto conteúdo moral e que quando uma organização viola os seus valores, inicia-se a sua decadência, que não pára até recuperar o seu rumo.

Mas as empresas por si só não têm valores; são os seus gestores e os seus funcionários que os possuem. São estes que tornam valiosas as empresas ou que as desvalorizam, não em termos de dinheiro mas de virtudes.

Pelo que foi dito acima, uma das tarefas indispensáveis do director é assegurar-se de que a sua empresa viva de acordo com os valores que façam com que todos os seus funcionários se sintam orgulhosas dela, e até mesmo a comunidade ou comunidades onde opera.

A melhor maneira de resguardar os valores, desde logo, consiste em actuar de acordo com os valores que professam; por outras palavras, sendo congruentes, coisa que não é nada fácil, porque quase diariamente se apresentam tentações que convidam a violar os princípios sobre os quais assenta a reputação da empresa. Por vezes, os regulamentos e políticas governamentais levam-nos a pensar em como dar-lhes a volta. Mesmo quando a tentação seja grande, não vale a pena fazê-lo, já que o risco pode ser enorme, podendo mesmo gerar uma crise séria na companhia que lhe puode custar a sua viabilidade.

Como parte da cultura da empresa deveria existir um mandamento inviolável para ser observado por todos os funcionários, começando pelo director-geral. Esse mandamento é «Não faças nada sem a aprovação da tua consciência».

Para poder, realmente, resguardar os valores de uma empresa, é necessário que estejam perfeitamente definidos e que todo o pessoal os conheça e saiba porque é importante observá-los. Mesmo quando os valores principais estejam definidos na declaração de missão, convém ter o que se chama Código de Ética. Este instrumento deve ser o farol que norteia a conduta de todos na empresa. Um código de ética permite ao director conhecer em todo o momento o estado ético/moral da sua organização e tomar as acções correctivas quando exista uma violação.

O dr. Ramón Ibarra Ramos, ex-reitor da Universidade Panamericana e professor do IPADE, no seu livro *Código de Ética* diz-nos que «a promulgação de um código de ética nas organizações supõe um enorme passo para o compromisso que tem todo o ser humano de viver segundo princípios de moral que tornam mais plenas, mais estimulantes e duradouras as relações no mundo contemporâneo [...]. É também uma resposta às responsabilidades que toda a empresa tem para com a sociedade e os seus direitos...».

O dr. Ibarra diz-nos também quais são os benefícios de contar com um código de ética:

1. Antecipa possíveis reclamações de grupos externos.
2. Auxilia as pessoas perante solicitações contra as regras estabelecidas.
3. Ajuda na obtenção de melhores resultados financeiros.
4. Define padrões de comportamento.
5. Diagnostica problemas.
6. Explicita a cultura da organização.
7. Facilita a tomada de decisões.
8. Facilita as relações governamentais.

9. Favorece a comunicação.
10. Fixa as metas que a empresa deseja conseguir.
11. Fortalece os vínculos internos da organização.
12. Melhora o ambiente interno.
13. Torna o trabalhador pleno.
14. Promove o recrutamento de gente séria e de bom comportamento.
15. Promove a imagem externa.
16. Proporciona a transparência nas relações com os membros da firma, clientes, fornecedores, etc.
17. Reafirma a autoridade.
18. Reforça o sentimento de pertença à organização.

Como se pode observar, um código de ética é muito mais do que uma lista de mandamentos; é uma ferramenta de direcção que serve para proteger e, inclusive, aumentar a reputação de uma empresa, reputação que é o último bastião de toda a organização.

A reputação da empresa é um activo de grande valor, é parte do seu capital. Uma boa parte dos seus negócios depende da sua reputação. O próprio trabalho depende da reputação da sua empresa e da sua própria reputação. Não se pode conceber uma empresa com boa reputação se a reputação do director não for boa. Por isso, o director, antes de pretender resguardar os valores da empresa, deve resguardar os próprios que, no fim de contas, devem ser os mesmos da empresa.

De facto, pode-se afirmar que o director, com o tempo, chega a incutir os seus próprios valores na sua empresa até que os de ambos, os próprios e os da empresa, se fundem num só conjunto de valores.

Enquanto isto não se conseguir, a empresa vive num estado de desequilíbrio moral que pode detonar numa crise. Como exemplo temos a Enron, WorldCom, Adelphia, Martha Stewart, Inc. e muitas mais nos Estados Unidos e noutras partes do mundo, e mesmo no México, onde a imprensa não noticia claramente os fiascos empresariais. Nos Estados Unidos, as revistas de negócios noticiam não só os êxitos das empresas como também os seus fracassos e as suas más condutas geradas, obviamente, pelos seus directores.

Um director não pode culpar pelo fracasso de uma empresa o seu pessoal. Se o fizer, então não foi director, foi apenas um observador que viu como a empresa se desmoronava sem que tenha feito alguma coisa para o evitar.

Sugiro que se utilize o livro do dr. Ibarra para preparar o Código de Ética da sua empresa. Recordo-lhe a informação: Ramón Ibarra, *Código de Ética*, Trillas, 2002.

FACILITAR O TRABALHO DE TODO O PESSOAL SEM INTERFERIR E PROPORCIONAR-LHE OS RECURSOS NECESSÁRIOS

Adeus à era do capataz, daquele chefe que antes de mais nada era um manipulador de fantoches, que quase passava o tempo a mover os braços e as mãos dos seus trabalhadores para que se fizessem as suas tarefas.

O director moderno e todo o seu pessoal com responsabilidades de chefia só devem facilitar o trabalho ao seu pessoal; sem deixar, obviamente, de supervisionar os resultados. Note que disse resultados e não tarefas. Só se supervisionam as tarefas dos aprendizes, porque é necessário que aprendam a fazê-las correctamente.

Devemos confiar no nosso pessoal, a não ser que não o tenhamos seleccionado correctamente nem treinado com eficácia. Mas se o fizemos não temos de estar sempre a olhar por cima do seu ombro.

O trabalho em equipa é o resultado da confiança nos funcionários, por isso é tão eficaz quando se implementa correctamente. Além disso, as equipas de trabalho servem para descobrir bons líderes, gestores em potência.

Para que o pessoal possa fazer o seu trabalho com eficácia é necessário que conte com os recursos necessários. Conheço mais de um caso de directores que exigem resultados apesar de não terem proporcionado ao seu pessoal os recursos necessários, sejam estes dinheiro, materiais, instrumentos, pessoas ou sistemas. São como o personagem de uma canção que diz: «Olha, Bartola, aí te deixo dois pesos; pagas a renda, o telefone e a luz, o que sobrar podes tirar para as tuas despesas, guarda-me o resto para beber um copo».

Mas a facilitação vai muito mais além de deixar que as pessoas tenham os recursos e trabalhem sem intromissões dos chefes. Para que seja eficaz, necessita-se que esteja sustentada na facilitação e delegação de poderes, o que se consegue mediante:

– **Respeito.** Quando a pessoa se sente respeitada, tende a dar o melhor de si mesma. O director deve respeitar da mesma maneira a dignidade do seu colaborador mais próximo como a dignidade do funcionário de limpeza. O ideal é que o director veja a grandeza que há em cada empregado, independentemente do cargo que ocupe.

– **Responsabilidade.** Todos os empregados devem saber, sem qualquer dúvida, qual a sua responsabilidade na empresa e o papel que desempenha na estratégia da companhia. É necessário que assumam a propriedade dos resultados que o seu cargo gere. Isto obriga a que sejam donos dos processos que utilizam na criação de resultados.

Cada funcionário, além disso, deve reconhecer que a responsabilidade não é a lista de tarefas (ou descrição do cargo) que deve desempenhar, mas os resultados que essas tarefas devem produzir.

– **Recursos.** Não podemos enviar os nossos soldados para o campo de batalha sem espingarda, não importa a enorme responsabilidade que lhes colocamos nas mãos. Os recursos devem ser proporcionais à responsabilidade. Nem mais nem menos.

O trabalhador deve ter plena consciência de que todo o recurso que se lhe dá deve dar frutos, para isso é necessário que se lhe diga que todo o activo utilizado na empresa deve ser rentável.

O director deve, obviamente, rever periodicamente o uso que se está a dar a todos os recursos da empresa.

– **Autoridade.** A autoridade outorgada a um funcionário deve estar de acordo com a responsabilidade. Se é menor, dificilmente poderá cumpri-la. No caso de maior, poder-se-ia dar um abuso de poder.

É vital que o director especifique claramente o nível de autoridade que cada funcionário deve ter, assim este poderá usá-lo na medida adequada: não será a menos nem se excederá.

Todo o pessoal deve saber com precisão que tipo de decisões pode tomar e até quanto pode gastar. Na cadeia de hotéis Ritz Carlton, as empregadas de limpeza podem gastar (ou melhor, investir) até 2000 dólares para resolver um problema a um cliente.

– **Os padrões de excelência.** Hoje em dia, ouve-se cada vez menos a palavra qualidade, não porque não seja importante, mas porque se supõe que hoje só sobrevivem as empresas e os produtos de qualidade. De facto, a qualidade é desde logo integrada desde o início. Cada cargo deve ter normas de qualidade muito claras. Estas normas, além disso, servem como medidas para avaliar o desempenho de quem ocupa o seu cargo.

Os padrões ou normas de qualidade devem definir o desempenho em termos de:

1. quantidade de trabalho a realizar.
2. qualidade do trabalho ou como deve fazer-se.
3. custo da realização do trabalho.
4. tempo que deve tomar a realização do trabalho.

– **A capacitação e o desenvolvimento.** Podemos dizer que «um funcionário treinado não necessita de ser supervisionado». Pelo menos não deve ser supervisionado continuamente porque, ao fim e ao cabo, os resultados não se esperam, supervisionam-se.

O desenvolvimento dos trabalhadores vai mais para além do que a mera capacitação. Tem a ver com a superação pessoal em todos os aspectos da sua vida. Se a empresa ajuda um funcionário a superar-se integralmente, o mais provável é que esse trabalhador se torne muito mais leal à empresa.

Como disse antes, o director deve envolver-se na capacitação do pessoal, mesmo a ponto de ser instrutor num curso, como costumava dizer Jack Welch. Ensinar não rebaixa ninguém, pelo contrário, eleva-o.

– **A informação.** Para que um funcionário dê à empresa tudo o que é capaz de dar, é necessário que esteja informado acerca do que é a empresa e da sua visão, missão, objectivos e tácticas estratégicas. Também será um funcionário mais empenhado se souber qual é o desempenho da companhia. Esconder esta informação ao pessoal só cria desconfiança e, pior, rumores que podem ser altamente destrutivos.

– **O *feedback*.** Ninguém pode corrigir o seu rumo se não souber como vai, por isso é necessário que o pessoal saiba como se está a desempenhar no posto de trabalho. Isto requer avaliações formais periódicas, mas, antes de tudo, avaliações informais mas frequentes por parte dos chefes.

Mas isto não basta; é necessário que os funcionários também avaliem os seus chefes e mesmo os seus colegas. Está a ficar na moda a técnica de Avaliação de 360º que permite a avaliação própria, a avaliação do chefe, dos colegas e dos subordinados.

– **O reconhecimento.** Gostamos que reconheçam os nossos êxitos. Todos nós ansiamos por saber que somos úteis, que temos uma razão transcendente para viver. Por isso, o director deve instalar um sistema de reconhecimento para todo o pessoal, um sistema que faça com que os seus empregados se sintam ganhadores, que os faça convencer-se de que a sua vida tem sentido.

Se é verdade que fazer bem um trabalho é um grande motivador, também é verdade que desejamos a palmadinha nas costas, o agradecimento pelo bom resultado e o elogio.

O director deve assegurar-se de que isto seja fomentado na empresa, mas não de maneira indiscriminada, já que pode ser visto como hipocrisia.

Mas também faz falta o reconhecimento material: o diploma, o troféu, o bónus. Este tipo de reconhecimento deve dar-se muito cuidadosamente porque pode ser fonte de invejas. Mas que se deve dá-lo, disso não há a mais pequena dúvida.

– **A confiança.** A confiança é uma estrada de dois sentido. Se eu mostro confiança a uma pessoa, é altamente provável que ela também confie em mim. A confiança gera um clima de harmonia que permite um melhor desempenho de toda a empresa. Numa época de tantos sobressaltos pelas mudanças das circunstâncias, por vezes tão radicais, faz falta, pelo menos, ter um estado de harmonia na organização que permita que todo o pessoal apresenta uma frente sólida às forças do meio e dos concorrentes. Quando há desconfiança no pessoal, a empresa debilita-se e torna-se presa fácil dessas forças.

– **A tolerância ao erro.** Numa época de tanta concorrência local e internacional, aquele que não arriscar não ganha. As empresas tímidas não têm oportunidade de ganhar na guerra dos mercados, por isso é necessário aceitar que, ao arriscar, se pode cometer erros e alguns muito graves.

Quando um director é tolerante ao erro bem intencionado e não se castiga o infractor, as pessoas estão dispostas a arriscar em projectos de alta rentabilidade se funcionam.

É óbvio que se deve tentar evitar o erro, mas é necessário que se esteja consciente da possibilidade de que pode acontecer, e quando acontecer, tomá-lo como formação da pessoa que o cometeu.

O erro que se deve castigar é aquele que é cometido por ignorância, descuido ou, assim mesmo, de má-fé.

– **O *coaching*.** O director moderno, mais do que um chefe, é um *coach*, não muito diferente dos treinadores principais das equipas desportivas.

Ser um *coach* significa capacitar, aconselhar, fornecer equipas, inspirar e deixar jogar. Isto é o que todo o director deve tentar ser hoje em dia.

Charan e Bossidy são muito claros no que significa *coaching*: «É a diferença entre dar ordens e ensinar as pessoas a fazer as coisas. [...] A forma mais eficaz de exercer o *coaching* é observar uma pessoa em acção e, então, dar-lhe *feedback* útil e específico, o qual deve apontar exemplos de conduta e desempenho que são bons ou que devem ser alterados».

SER ADVOGADO
DOS CLIENTES DA EMPRESA

O funcionário que deve estar mais interessado em que os clientes sejam atendidos simpática e eficazmente é o director: portanto, deve criar um mecanismo de serviço na empresa.

Ele também deve ser o mais interessado em saber as queixas e as inquietações dos clientes, por isso deve exigir que o informem de tudo o que os clientes comentam quando comunicam com a companhia. Deve aceitar, inclusive, as chamadas de clientes que desejam queixar-se directamente a ele. Atender este tipo de chamadas pode evitar a perda de clientes. Deve ter em mente que quando um cliente decide não voltar a comprar os seus produtos ou serviços de uma empresa, esta não perde um cliente mas vários, porque o mais provável é que um cliente insatisfeito diga o pior da companhia aos seus amigos, familiares e colegas de trabalho. É igualmente provável que estes pensem duas vezes antes de adquirir produtos da empresa.

Não basta que o director oiça as reclamações dos clientes; deve resolver imediatamente aquilo que as provocou e assegurar-se de que não volte a acontecer.

Poder-se-á perguntar se as reclamações que o director recebe têm realmente fundamento. A verdade é que quando um cliente se dá ao incómodo de contactar o director é porque realmente tem um motivo.

O ideal, obviamente, é que não surjam reclamações, e se surgirem, que seja por insignificâncias, não por motivos graves. Para evitá-las, a única opção é criar uma cultura de serviço na organização, de maneira que cada funcionário tenha plena consciência da importância do cliente e tenha autoridade suficiente, ao seu nível, para lhe resolver qualquer problema. E se ao seu nível não pode resolver o problema, deve saber a quem recorrer que possa fazê-lo e não recuar até que este o resolva, e se não o fizer, seja por que razão for, deve recorrer ao nível de autoridade seguinte e assim sucessivamente até que o cliente se sinta satisfeito. Por outras palavras, todos os funcionários devem ser como os cães Rottweiller, que não soltam a sua presa até arrancarem um pedaço.

O director nunca deve ordenar a criação de cartazes, cartões ou emblemas que digam que o cliente é a pessoa mais importante se não tiver a certeza de que o seu pessoal actue de acordo com essa afirmação. A experiência demonstrou que os funcionários que não se sentem bem tratados pelos seus chefes não vão atender eficazmente os clientes; portanto, se deseja que o seu pessoal ofereça um serviço de alta qualidade humana, trate-o com QUALIDADE HUMANA.

O que se disse acima significa que deve respeitar a dignidade de cada funcionário, independentemente do cargo que ocupe na empresa. Significa também que deve ser justo com todos e evitar favoritismos, o que tanto mal-estar causa no pessoal. Quer dizer também que deve ser congruente. A incongruência do director – gastando de mais quando pede austeridade ao seu pessoal, trabalhando menos quando pede aos funcionários um esforço adicional; aumentando-se o ordenado quando aos trabalhadores o congela, só para dar alguns exemplos – provoca irritação nos funcionários, até mesmo cinismo, que dá lugar a comentários do género: «Como a empresa faz de conta que me paga, eu faço de conta que trabalho».

O seu pessoal deve reconhecer que o cliente é o seu verdadeiro patrão, que é, no fim de contas, quem lhe paga o salário. Mas o director é o primeiro que deve ter a humildade suficiente para aceitar esta realidade. Sejamos realistas, só será director enquanto tiver funcionários e clientes. Ambos são necessários para que possa deter o título de director. «Podemos dizer que os funcionários são os clientes do director, porquê? Porque este deve funcionar como facilitador do trabalho do seu pessoal. De facto, é um servidor do seu pessoal».

A minha anterior afirmação pode cair mal a muitos directores que ainda não entenderam que o seu verdadeiro trabalho directivo é servir o seu pessoal, os seus clientes, os seus accionistas e a sociedade. Este é um trabalho difícil, por isso o director ganha mais do que o restante pessoal.

MONITORAR CONTINUAMENTE O MEIO E FAZER OS AJUSTES NECESSÁRIOS E OPORTUNOS AO PLANO ESTRATÉGICO

Um plano estratégico não deve estar gravado na pedra. Também não é uma visão. O mundo muda com tanta rapidez que uma visão que nos parece grandiosa e singular se torna ridícula perante uma mudança de circunstâncias. Uma mudança tecnológica, por exemplo, pode deitar por terra a razão de existir de uma empresa; mais: a razão de existir de toda uma indústria.

Hoje em dia existem forças poderosas que podem transformar as circunstâncias da noite para o dia e provocar um terramoto numa empresa ou numa indústria. Jim Underwood identifica 10 forças:

    Mercado
    Tecnologia
    Economia
    Governo

Leis
Meios
Clima
Moral
Psicologia/Sociologia
Ideologias

Mas também há que acrescentar a concorrência, não só directa como também a indirecta. Esta última pode fazer ainda mais estragos do que a directa.

Por exemplo, as empresas editoriais sofreram um decréscimo quando apareceram os videoclubes.

Muitas pessoas, que antes costumavam comprar um livro, preferiram alugar um ou mais filmes para vê-los em casa. Obviamente, o aluguer de filmes não podia ser considerado concorrência directa da indústria editorial.

Pensa-se que dentro de uns anos as crianças já não usarão manuais escolares de papel e tinta mas apenas livros electrónicos de tamanho pequeno onde poderão ler todos os textos requeridos num determinado nível escolar. Isto será a cristalização da *mochila electrónica* prevista por Bill Gates. Quando isto acontecer, as editoras tradicionais só fornecerão o conteúdo, já não o suporte. Este será fornecido pela indústria electrónica.

Muitas indústrias foram e continuarão a ser vítimas da destruição criativa, termo grafado por Joseph A.

Schumpeter, referindo-se a companhias e produtos retirados do mercado pelos esforços criativos de outros empresários.

Onde ficaram, então, as vantagens competitivas sustentáveis e as «*core competences*»? O próprio Jim Underwood diz:

«... como os meios são dinâmicos e não estáticos, não há coisa como a "vantagem competitiva sustentável". Qualquer vantagem que uma forma possa ter é momentânea, se as coisas lhe correrem bem. A firma excepcional é dinâmica. Está continuamente a transformar-se em algo diferente, em vez de se concentrar no que costumava fazer bem. Quando a destruição criativa acontece, as companhias entram numa era de declive. Obviamente, contratam consultores que lhes dizem para "regressar aos fundamentos" e que se concentrem nos negócios "*core*". Contudo, o problema é que os fundamentos mudaram, assim como os supostos negócios "*core*"».

É necessário assinalar que nem todas as indústrias registam o mesmo nível de mudança. Há indústrias que duraram 100 anos ou mais sem que fosse notória qualquer alteração. Deve saber em que tipo de meio opera a sua empresa. John Sutherland e Evan Dudik dizem que geralmente as empresas operam num de quatro meios:

1. Determinista: altamente previsível.
2. Moderadamente variável: muito previsível.
3. Severamente variável: geralmente imprevisível.
4. Indeterminado: totalmente imprevisível.

Soa bem, mas como é que se pode saber quando é que um meio passa de uma categoria a outra? O livro parecia estar num meio determinista e, agora, tudo indica que está num meio severamente variável, pelo menos para o manual escolar.

Falemos do conceito de *destruição criativa*, porque tem grandes implicações para o futuro da nossa empresa. Underwood define-o assim:

> «A destruição criativa é o resultado da descoberta científica, da inovação de um concorrente ou de ambos. O resultado final é que os produtos e processos que antes satisfaziam as necessidades dos compradores já não são tão relevantes para o jogador mais importante no processo económico: *o cliente*».

O que foi dito atrás podemos resumi-lo assim: as empresas estão imersas num sistema dinâmico complexo e os directores que não entendam isto e actuem em conformidade, verão fracassar as suas empresas. A complexidade e a velocidade de mudança transformaram-se, assim, nos dois principais desafios do director.

Antes pensava-se que uma empresa estaria bem se conseguisse copiar as *melhores práticas* de outras empresas na sua própria indústria ou noutra (*benchmarking*). Agora, pensa-se que as empresas devem criar as *próximas práticas* na sua indústria para poder assegurar o seu futuro.

Já o assustei? Já não há salvação? Há, se fizer um trabalho que consiste em monitorizar continuamente o meio, vigiando as 10 forças e a força dos concorrentes. Para isso, deve ler jornais e revistas de todo o tipo (exceptuando talvez as pornográficas, ainda que alguma coisa poderia encontrar nelas que possa ser importante para o seu negócio); deve «navegar» na Internet e ouvir as notícias na rádio e na televisão. Nunca se sabe onde se vai encontrar algo que possa afectar drasticamente, positiva ou negativamente, a sua empresa.

Um exemplo. No Japão estão a ler romances nos telemóveis. Notícia curiosa para muitos, mas de vital importância para as editoras. Este método de leitura poderá não prosperar (e se conseguir?), que efeitos terá na indústria editorial? É uma ameaça ou uma oportunidade? Tudo depende da lente com que se olhe.

O director de hoje deve ser um leitor ávido de notícias, mas deve processá-las mentalmente com perguntas como:

Em que pode isto afectar a minha empresa?
Vejo nisso uma ameaça ou uma oportunidade?

Se a vejo como ameaça, como posso transformá-la em oportunidade?

Até onde posso prever o efeito na minha empresa?

Como nos poderemos ir preparando para minimizar os efeitos negativos ou para aproveitar plenamente as oportunidades que representa? Onde posso obter mais informação?

Faça também participar os seus subordinados porque é possível que algum veja o que nem os outros nem você conseguem ver. Não tente afrontar sozinho uma tarefa de tanto alcance.

O que deve fazer quando detecta algo que possa afectar a sua empresa? Rever a sua visão, a sua missão, os seus objectivos principais e o seu plano estratégico para ver se serão congruentes com o novo estado de coisas. A não ser assim, deverá ajustá-los tão rapidamente quanto a situação requer.

ESTAR SEMPRE EM BUSCA DE OPORTUNIDADES

Um director deve ser um investigador activo de oportunidades; não deve esperar que se apresentem por si sós. As oportunidades correctas, aproveitadas oportunamente, permitem às empresas desenvolver-se a uma maior velocidade. Em muitos casos, inclusive, permite-lhes sobreviver. A história dos negócios está repleta de exemplos de empresas que deixaram passar – ou não as viram – oportunidades correctas e, por isso, desapareceram do mapa.

Não é fácil identificar as oportunidades correctas. Podem encontrar-se dúzias de oportunidades à nossa volta. Quando se lê uma revista ou um jornal pode-se encontrar muitas, mas a maioria, talvez, não seja a melhor para quem procura. Como poderemos, então, distinguir o trigo do joio? A primeira coisa é conhecer bem a nossa empresa: a sua visão, a sua missão, os seus objectivos, estratégia, operações, forças, debilidades, pessoal, etc.

A seguir, devemos identificar as ameaças latentes do meio: existe uma ou mais que possam significar a quebra da nossa empresa (ou pelo menos um grande prejuízo)? Estes são alguns exemplos deste tipo de ameaças:

- Aparecimento de um produto que retire o nosso do mercado ou o torne desnecessário.
- Desaparecimento do nosso mercado por qualquer razão (alteração de gostos ou necessidades, movimentos demográficos, etc.).
- Decreto governamental que proíba a venda do nosso produto.
- Publicação de leis que nos obriguem a modificar o nosso produto ou os seus processos de produção (por exemplo, leis ambientais).
- Novas tecnologias que possam tornar obsoletos os nossos produtos e os nossos processos de produção.
- Presença de concorrentes directos muito fortes.
- Presença de concorrentes indirectos.

O terceiro passo deve ser determinar a gravidade de cada ameaça e planear a estratégia para enfrentá-la e tentar reconhecer oportunidades nela. Isto é muito importante, porque não é de estranhar que se possam encontrar oportunidades mesmo nas piores ameaças.

O quarto passo consiste em implementar a estratégia com precisão e oportunidade.

As oportunidades não associadas a ameaças, ou seja, as oportunidades puras, devem ser estudadas com muito cuidado porque se uma pessoa se lança a aproveitá-las sem um plano preciso, corre-se o risco de que se transformem em problemas que possam conduzir a empresa a uma crise.

Não é pouco comum que as empresas com negócios estáveis descuidem a «mãe» para explorar uma oportunidade e acabem sem nenhum pássaro na mão.

Mas não basta só procurar oportunidades externas. É necessário procurar oportunidades no seio da nossa empresa. Muitas vezes ficamos cegos perante o imediato, ainda que de longe vejamos bem.

Nenhuma empresa é perfeita. Todas podem melhorar em muitos aspectos: produtos, serviços, estrutura organizacional, projecto, processos, métodos de planeamento, políticas, promoção, métodos de fabrico, distribuição, logística, etc. Em suma, todas as operações da empresa são susceptíveis de melhorias. Porquê, então, ir em busca de oportunidades exteriores, tendo tantas para aproveitar internamente? A resposta possível é que o meio muda tanto e tão rapidamente que até uma empresa perfeita pode ficar obsoleta enquanto o diabo esfrega um olho.

Mas, naturalmente, para poder aproveitar devidamente as oportunidades externas, a empresa deve ser óptima no seu interior. A explicação é simples: quando uma empresa anda optimamente no presente terá os recursos e o tempo para olhar para todos os lados em busca de oportunidades; que tempo terá o director para as procurar quando a sua empresa vive no caos?

Muitos directores, incapazes de controlar os seus assuntos internos, põem-se a procurar oportunidades externas como forma de escapar à problemática interna da sua companhia. O resultado é que a empresa se descontrola ainda mais, perdendo os recursos disponíveis para aproveitar as oportunidades externas.

PROPICIAR A INOVAÇÃO
NA EMPRESA

Ninguém tem de ser Bill Gates, da Microsoft, ou Steve Jobs, da Apple, para fomentar a inovação na sua companhia. Também não tem de conseguir avanços de alta tecnologia para ser considerado um executivo inovador. Porque muita gente associa inovação com desenvolvimento tecnológico. Mas não é necessariamente assim.

O director também não tem de ser altamente criativo, mas deve ter gente criativa à sua volta, porque a inovação é criatividade aplicada. A verdadeira aptidão do director neste aspecto é administrar as capacidades inovadoras do seu pessoal.

Na operação diária de qualquer empresa existem dezenas de oportunidades de inovação; apenas há que procurá-las e explorá-las, mas se os funcionários estão desmotivados, apáticos, não se vão «dar ao trabalho» de procurar melhorar, porque não vêem nenhum benefício para eles. Isto leva-nos a inferir que, para que haja inovação na empresa, é necessário que as pessoas se motivem em procurá-la e implementá-la. Conseguir essa motivação é trabalho do director. Ele próprio deve propiciar a inovação a toda a empresa. Como? Recompensando aqueles que contribuem para o melhoramento da empresa. Mas este é o passo final do processo. Primeiro, deve estimular a criação de melhoramento, apelando ao orgulho pessoal dos funcionários, convidando-os a dar o melhor de si mesmos. Recordemos que todos os seres humanos querem dar um significado à sua vida. Todos necessitamos que se reconheça a nossa individualidade. Queremos ser únicos, singulares; e que melhor maneira de o conseguir do que ser reconhecido por ter realizado um melhoramento na empresa que vai beneficiar todos os trabalhadores. É como dar um passo para a transcendência.

Esta motivação intrínseca deve ser aproveitada pelo director. Mas para poder aproveitá-la plenamente, é necessário que o ambiente de trabalho permita ao pessoal expressar-se livremente. Daí que para conseguir inovações nos produtos e nos processos é necessário que todos os funcionários se sintam autorizados para propor melhorias.

Como se disse antes, a inovação não significa necessariamente criar tecnologias disruptivas. As pequenas melhorias também podem contar como inovações e produzem também benefícios para as empresas. O que se segue são apenas algumas áreas onde se podem encontrar oportunidades de inovação:

- Projecto do produto.
- Produção do produto.
- Armazenagem do produto.
- Manipulação e transporte do produto.
- Promoção do produto.
- Venda do produto.
- Apresentação do produto.
- Publicidade do produto.
- Distribuição do produto.

Ou seja, em toda a cadeia de valor existem oportunidade de inovação. Mas também as há nas restantes operações da empresa. Poderemos sempre encontrar oportunidades de melhoria nos processos administrativos para torná-los mais simples, mais rápidos, mais eficazes, mais económicos. Até mesmo os sistemas de informação podem ser melhorados para adaptá-los às peculiaridades da empresa. Dou a seguir um exemplo disto:

Na minha companhia utilizamos o sistema SAE de ASPEL para facturação, controlo de inventários e contas a cobrar. Na nossa indústria usamos muitas consignações de produto, as quais são uma verdadeira dor de cabeça e uma peneira de lucros, porque controlá-las a 100% é muito difícil. Perante isto, e depois de ter afectado os resultados de maneira notável, decidimos que era necessário modificar o programa SAE para que pudéssemos controlar as consignações, já que na sua versão padrão este programa não considera a função de consignações. Mas como não nos podemos meter nas entranhas do SAE, tínhamos de pedir aos programadores da ASPEL para fazer as modificações pertinentes. Uma reunião bastou para que os engenheiros dessa empresa de *software* entendessem o problema e propusessem uma solução.

Podíamos ter ficado com aquele problema, perdendo dinheiro dia após dia, mas decidimos que uma pequena inovação do sistema SAE poderia resolver o problema. E assim foi.

Muitas inovações são muito mais simples. Um exemplo é o método Kanban, inventado pelos Japoneses como meio de comunicação e que consiste numa peça de papel metida num envelope transparente. Este método, quase rústico, representou um grande avanço nos sistemas de *Just in Time* [método japonês para aumentar a produtividade].

Para finalizar, não devemos esquecer que uma maneira de estimular o desejo do pessoal por inovar é premiar todos aqueles que sugiram melhorias ou novas formas de operar que resultem num benefício para a empresa. A cenoura nunca está a mais.

REPRESENTAR A EMPRESA PUBLICAMENTE

Em mais de uma ocasião, o director deve «dar a cara» pela empresa, por vezes por razões de crise, outras por razões de celebração. Esta é uma tarefa que não se pode delegar nem iludir. A história dos negócios está repleta de casos em que os directores nunca deram a cara ou, se o fizeram, foi demasiado tarde. Os resultados foram, obviamente, funestos para as suas empresas.

Um exemplo de como deve agir um director temo-lo no presidente executivo da farmacêutica Johnson & Johnson, James Burke, que quando um indivíduo colocou cianeto nas cápsulas de Tylenol e provocou a morte de várias pessoas, enfrentou publicamente o problema e ordenou a recolha de todas as embalagens do produto que havia no mercado. Foi uma decisão que custou caro naquele momento, mas altamente rentável depois, já que salvou a reputação da empresa e do produto, de maneira que em apenas um mês recuperou 80% do mercado que tinha antes da crise.

No caso de Tylenol, James Burke, agiu de acordo com o credo da sua empresa, cuja primeira linha diz: «Cremos que a nossa primeira responsabilidade é para com os médicos, enfermeiras e pacientes, com as mães e com todos os que usam os nossos produtos e serviços». Este exemplo deve mostrar ao director que, em casos de crise, deve assumir a responsabilidade do seu cargo e da sua empresa e não esconder-se atrás do seu departamento de relações públicas.

Mas como disse antes, o director também deve dar a cara quando haja motivos de celebração: o lançamento de um novo produto, a aquisição de outra empresa, a obtenção de um reconhecimento especial, etc.

Isto significa que o director deve saber apresentar-se em público, seja perante uma audiência ao vivo, diante de um microfone na rádio ou perante uma câmara de televisão. Isto, por sua vez, quer dizer que deve aprender a falar em público, não para se transformar num novo Winston Churchill, mas para se mostrar com confiança perante o microfone e os gravadores dos repórteres.

Diz-se que muitos prefeririam morrer do que falar em público, mas um director eficaz não pode pensar assim. É a cabeça de uma organização e deve elevá-la mais quando é preciso e não escondê-la como o faz a avestruz. Pode dar-se o caso de que um director não tenha de dar a cara em público durante anos, mas é melhor que esteja preparado.

Por outro lado, é conveniente que o director procure dar a cara, não para enfrentar uma crise nem para celebrar êxitos, mas para representar a sua empresa em câmaras ou associações industriais como membro activo destas. Isto não só é uma responsabilidade moral do director como também uma acção conveniente para o desenvolvimento da empresa, até porque pode obter informação privilegiada que ajude a melhorar as estratégias da empresa.

Uma maneira de participar em câmaras ou associações é inscrevendo-se numa comissão que seja do seu interesse e trabalhando com eficácia. Com o tempo, se assim julgar conveniente, poderia fazer parte do conselho directivo da sua câmara, o que lhe daria prestígio, não só a ele como à sua empresa.

Outra maneira de representar a sua empresa publicamente é disponibilizar-se como orador em congressos ou convenções da sua indústria. Uma forma de chegar a isto é, precisamente, participando activamente na sua câmara ou associação industrial.

Mas não basta saber falar em público, é necessário também saber expressar-se correctamente por escrito. Não hesite em inscrever-se num curso de escrita para melhorar as suas técnicas, porque não há nada pior do que um texto com erros ortográficos e sintácticos. E quando se sinta suficientemente capaz de se expressar correctamente com a palavra escrita, entusiasme-se a contribuir com artigos para revistas ou órgãos de informação da sua câmara ou associação e até em revistas da sua especialidade.

O director deve ser o rosto da empresa. Os seus produtos e a sua imagem são o corpo. E se o director não quer dar a cara, seja por que razão for, a empresa parecerá decapitada.

Mas há algo que está mais além das relações públicas. Vivemos numa era de alianças, numa era de conluios, por isso é indispensável que o director crie uma rede de relações com outros directores, não só da mesma indústria, como também de outras. Também deve criar relações com funcionários governamentais, especialmente com aqueles que tomem decisões relacionadas com o sector industrial do director.

Através da sua câmara ou associação industrial ou de confederação de câmaras industriais pode ter acesso ao poder legislativo. E aqui não se trata de empregar o suborno para conseguir benefícios. Os empresários têm todo o direito de procurar negócios legítimos onde possam e influir na formulação de leis que beneficiem a sua empresa.

AVALIAR FREQUENTEMENTE O DESEMPENHO DA EMPRESA E DO SEU PESSOAL

O pior que pode acontecer a um director e à sua empresa é descansar sobre louros, entrar num estado de conforto, de complacência. A complacência é um sinal de arrogância. É crer que tudo anda sobre rodas, que somos o máximo, infalíveis, perfeitos. Os cemitérios empresariais estão cheios de sepulturas de empresas que morreram por complacência, com lápides que dizem algo como: «Aqui jaz uma empresa tão complacente que não viu quando os seus concorrentes a anularam».

Contra a complacência, diligência. Esta é a receita e o director deve aplicá-la diariamente, mas para aplicá-la deve saber como funciona a cada momento a sua empresa. Por outras palavras, é necessário que o director tome diariamente o pulso da sua companhia. A mudança é tão rápida e, por vezes, tão drástica que é necessário que o director esteja muito atento ao impacto que essa mudança tenha na sua empresa.

O director deve ser como um piloto de avião que vigia em cada momento todas as circunstâncias do voo e mesmo o desempenho da aeronave. Pelo menos, deve saber o montante das vendas em cada dia, a disponibilidade de dinheiro, o estado da produção e das entregas no canal de distribuição. Deve saber também diariamente as reclamações dos clientes, qualquer problema interno e o estado motivacional dos funcionários. Também deve estar informado do que acontece à sua volta, tanto directa como indirectamente; ou seja, deve saber o que estão a fazer os seus concorrentes, o que se está a passar nos mercados, que acontecimentos políticos, sociais, económicos, tecnológicos, internacionais, legais, etc., estão a acontecer e que possam afectar de alguma maneira a sua empresa.

Quando o avião é grande, conta com um engenheiro de voo. Se a empresa é grande, deve ter gente que informe continuamente o director de tudo aquilo que deve saber para conduzir com acerto a empresa. No caso das empresas pequenas, o director tem de fazer de piloto e de engenheiro de voo, embora lhe seja conveniente treinar os seus gestores para que o ajudem na tarefa de avaliação do desempenho. Esta sugestão é muito importante e o director deve levá-la a sério. Seria um acto de arrogância pensar que só ele pode fazer esse trabalho. Além disso, envolver os gestores nessa tarefa permite-lhe identificar o seu possível sucessor.

Mas independentemente da observação diária das operações e dos resultados da empresa, o director deve realizar, pelo menos de três em três meses, um exame de consciência empresarial que lhe permita aprofundar aspectos que exigem intervenção, seja para corrigi-los seja para aproveitá-los. Eu utilizo o seguinte questionário para cada área e função da empresa:

Durante este período
O que fizemos bem?
O que fizemos mal? O que é que foi pior?
O que deixámos de fazer e que poderíamos ter feito?
O que não devíamos ter feito?
O que devemos fazer de maneira diferente?
O que devemos deixar de fazer imediatamente?
O que devemos mudar de imediato?
O que mudou ou está a mudar à nossa volta que nos obrigue a alterar os planos ou a maneira de implementá-los?
O que devemos começar a fazer?
Que obstáculos não contemplados enfrentamos agora?
Sob que suposições estamos a operar? São válidas?
Poderemos melhorar rapidamente?
Devemos continuar neste negócio?

Uma reflexão acerca das suposições.
Supor é muito natural, mas pode significar preguiça mental. É muito mais fácil supor que algo é ou será do

que investigar a fundo para conhecer a realidade. É óbvio que há ocasiões em que só se pode fazer suposições devido à falta de indícios suficientes ou à incerteza presente. O que importa é reconhecer que estamos a fazer suposições e não a apresentar factos. Ou seja, devemos reconhecer claramente que determinada declaração é uma suposição e não um facto. E uma vez reconhecida como tal, questioná-la frequentemente, porque é possível que, com o tempo, se transforme numa «verdade» para nós, o que é demasiado perigoso, uma vez que nos pode impedir ver a realidade, o que nos pode prejudicar no momento que menos esperamos.

As perguntas que apresentei anteriormente só devem servir como ponto de partida na avaliação do desempenho da companhia.

Devem permitir reflexões e, porque não, novas suposições, porque dificilmente podemos conhecer a realidade absoluta, sobretudo quando há variações de uma maneira tão contínua.

É importante fazer notar que sendo a avaliação tão vital para o desenvolvimento da empresa, é necessário dedicar-lhe tempo suficiente. O que eu faço é alugar uma sala num hotel e dedicar um dia inteiro a avaliação. Quem deve participar? Desde logo, os gestores que reportam directamente ao director, mas, pelo menos, durante algumas horas, os vendedores, o gestor de crédito e cobranças, os chefes de produção e o chefe da logística (armazém e distribuição física). Assim fica coberta a Cadeia de Valor da companhia.

A sessão com este pessoal de níveis inferiores serve para obter dados «duros» e conhecer inquietudes. As suas sugestões podem ser de especial importância para o desenvolvimento da empresa. Depois de terminada a sessão com esse pessoal, os gestores podem tirar conclusões e elaborar um plano de acção concreto.

Devemos reconhecer que o que resulte da reunião de avaliação pode modificar drasticamente o rumo da empresa, assim é bem possível que o director resista a implementar o plano resultante. Aqui, há um elemento de egolatria, porque uma mudança no *status quo* pode fazer com que o director se sinta fracassado, como alguém que não soube escolher desde o princípio o rumo adequado para a empresa.

Mas deve vencer esse sentimento e reconhecer que não é infalível e que não é que se tenha enganado, mas que o meio à sua volta é que manda e que não resta outra coisa senão adaptar-se a ele ou morrer.

Mas não se deve avaliar somente o desempenho da empresa. É necessário também avaliar o desempenho de todo o pessoal, porque não se pode desligar os resultados da companhia do desempenho dos seus funcionários. Por isso, é absolutamente necessário que o director implemente um sistema de avaliação periódica do pessoal, de modo que se certifique de que cada cargo está ocupado pelo melhor elemento e que este está a dar o melhor de si mesmo.

Esta tarefa é mais difícil, uma vez que intervêm as paixões e os sentimentos humanos. É muito mais fácil dizer: «Não estamos a cumprir com os programas de produção» que «Fulano», supervisor da linha de produção X, não está a cumprir com a sua responsabilidade. Mas há que dizê-lo quando se torne necessário, sob pena de que se não o fizermos o problema poderá ganhar grandes proporções e transformar-se numa crise.

A pergunta obrigatória é a seguinte: quando se deve avaliar o pessoal? O director deve avaliar diariamente aqueles que lhe reportam directamente. As reuniões semanais com os seus gestores são oportunidades valiosas para avaliar o desempenho deles. O director deve assegurar-se ainda que eles também avaliam frequentemente os seus subordinados. Mas convém fazer uma avaliação formal de todo o pessoal de seis em seis meses.

Um método eficaz de avaliação é o que é conhecido como Avaliação de 360°, que consiste em avaliações de si mesmo, do chefe, dos colegas e dos subordinados. Este é um método justo porque cada trabalhador pode julgar o desempenho do seu próprio chefe e dos seus colegas, o que outros métodos não permitem.

O director deve ser o primeiro a avaliar-se a si mesmo e deve fazê-lo com sinceridade, despojando-se da coroa e de ceptro, fazendo perguntas como:

Estou a dar o melhor de mim?
Onde é que falhei?
Que injustiças cometi?
Com quem fui injusto?
O que fiz bem?
Em que necessito melhorar?
Como vou fazê-lo?
Estou a dar à empresa e aos seus accionistas um valor superior ao que me pagam?
Continuo a ser o mais indicado para dirigir a empresa?
Quem é que pode fazer melhor o trabalho de director do que eu?

Para poder responder com franqueza a estas perguntas é necessário adoptar uma atitude de humildade, o que não é fácil para muitos directores. O método 360° tem a virtude de dar a conhecer o que opinam os subordinados dos seus chefes.

Sabemos que nos avaliamos com sinceridade quando os resultados coincidem com a avaliação que fizeram os nossos subordinados.

ESTAR INFORMADO DO DESEMPENHO FINANCEIRO E DO APROVEITAMENTO DOS ACTIVOS DA EMPRESA

Muitos gestores voam sem instrumentos, só de ouvido, e isto é altamente arriscado. Um bom director deve perceber de finanças e de contabilidade. Deve saber o suficiente para interpretar a situação financeira e os seus indicadores. Pelo menos deve ter alguém que os interprete com precisão e lhe faça observações que lhe permita decidir oportunamente.

Infelizmente, vi muitos casos de directores que não prestam atenção às finanças da sua empresa. «Se as vendas vão bem, que importa o resto?», parecem dizer. Isto, desde logo, é um erro grave, porque se pode dar o caso de que quanto mais se vende, mais dinheiro se perde.

A situação financeira e os indicadores (razões financeiras e outros) são ferramentas sem as quais uma empresa não pode viver, uma vez que informam os resultados e as suas tendências futuras; contudo, há empresas que os geram com atraso ou, simplesmente, os arquivam sem analisá-los.

Como disse ao princípio, o director deve saber interpretar a situação financeira, mas de maneira diferente de como o faz um contabilista. O director deve ir além dos números. Deve imaginar o funcionamento real da sua empresa ao analisar os números, assim como o físico imagina o comportamento das partículas elementais quando estuda uma fórmula de física quântica.

Deve ter a capacidade de procurar relações entre os diferentes números da situação financeira. Há muitas relações que não estão contempladas nas análises financeiras básicas, mas que são importantes para perceber o que se está a passar na empresa. No meu negócio, por exemplo, nenhum livro de finanças me diz que devo determinar as vendas por cada cêntimo investido em produzir livros novos, mas para mim é importante ter esta informação e usá-la para decidir o nosso programa de novidades.

Se um director conhece bem o seu negócio deve saber de que outras informações precisa que a análise tradicional não lhe dá, e para isso deve pedi-las ao seu director financeiro. Felizmente, hoje os pacotes financeiros para computador podem esmiuçar toda a informação financeira de uma empresa. A anedota consiste em saber o que é realmente importante para cada um.

Outra relação não contemplada na análise convencional é a que existe entre o lucro bruto e cada cêntimo gasto em salários e prestações sociais. Eu uso-a para determinar aumentos de ordenado e bonificações especiais.

Enfim, é de suma importância que o director saiba analisar profundamente a situação financeira ou, pelo menos, interpretar os dados que o seu director financeiro lhe dá todos os meses.

Mas não basta analisar a situação financeira. É necessário também que possa interpretar correctamente os outros indicadores do desempenho da empresa: indicadores relativos às vendas, à produção, à cobrança, à operação geral e ao investimento em novos produtos.

Se não é muito hábil em finanças, sugiro-lhe encarecidamente que frequente um curso de «Finanças Para Não Financeiros». Será um investimento em tempo e dinheiro muito bem empregue.

CUMPRIR ESTRITAMENTE COM OS REQUISITOS FISCAIS

A vida de uma empresa fica em risco quando se engana o fisco. Uma agravante é que se põe também em risco a liberdade do presidente do Conselho, do director-geral e de outros funcionários. Vale a pena? Talvez alguns directores aleguem que os funcionários públicos roubem os impostos, ou melhor, fiquem com eles.

Há, indubitavelmente, muita corrupção. É um mal que parece não ter cura. Só os melhores países do mundo, os mais prósperos e justos, têm pouca corrupção, mas têm-na, disso não há qualquer dúvida. Nenhum país é um castelo de pureza.

O facto de que a corrupção exista e persista não nos dá razão para fugirmos aos impostos porque, como disse ao princípio, o risco é enorme, a ponto de pôr em cheque a viabilidade da empresa e a liberdade dos seus principais gestores.

Temos de ver os impostos como um gasto de operação, assim como vemos os gastos de pessoal, de produção, de vendas, financeiros, etc.; desta maneira não pensaremos o que o governo fará com esse dinheiro, assim como não pensamos como gastarão o seu ordenado os funcionários.

É óbvio que não devemos pagar os impostos de qualquer maneira; as leis fiscais indicam o caminho para pagar os impostos justos, nem mais nem menos.

O que necessitamos é de uma planificação fiscal supervisionada por especialistas. Um bom gabinete de auditoria é a solução. Além disso, a lei indica que os auditores externos são co-responsáveis em caso de evasão fiscal. Por outras palavras, se os auditores se enganam vão ao fundo juntamente com os gestores da empresa.

Basta recordar o que se passou com a firma de auditores Arthur Andersen, acusada de obstrução da justiça no caso Enron nos Estados Unidos: desapareceu do mapa.

É necessário contar com um bom plano fiscal, mas devemos evitar fazer algo bom que pareça mau, porque se o fisco tem suspeitas sobre a legalidade da sua conduta fiscal pode submeter a sua empresa a uma auditoria e, creia-me, alguma coisa irão encontrar, porque é muito difícil estar puro a 100%, não por má vontade, mas por erros involuntários ou por ignorância do seu pessoal. As contínuas alterações das leis fiscais geram erros, uma vez que é quase impossível dominar todas as leis e o fisco aproveita-se para apanhar os contribuintes nessas lacunas.

Não deve poupar dinheiro na contratação de um bom gabinete de auditoria, um que também tenha muito a perder se se enganar. E nunca seria demais se tivesse um especialista fiscal, em separado, que pudesse rever inclusive o que os auditores externos façam. O melhor é proteger-se continuamente porque um pleito com o fisco é muito caro e desgastante e no fim acaba por pagar alguma coisa, pois, como disse antes, há sempre aspectos fiscais sujeitos a interpretações.

Recomendo-lhe ter os dados de um excelente fiscalista porque nunca se sabe quando é que pode necessitar dele. Mais: sugiro-lhe que periodicamente o consulte para saber se está a fazer bem as coisas relacionadas com o fisco; ou seja, para que lhe faça uma espécie de auditoria fiscal do ponto de vista legal.

Em conclusão, assegure-se que a sua empresa e você, pessoalmente, estão a cumprir estritamente com os requisitos fiscais vigentes em qualquer altura. Os accionistas e os seus funcionários agradecer-lhe-ão, porque os primeiros não terão os seus postos de trabalho em xeque e os segundos não correrão o risco de perder o seu património.

SALVAGUARDAR OS ACTIVOS DA EMPRESA

Quais são os activos de uma empresa? Os que estão indicados na coluna da esquerda do balanço. São o dinheiro e outros valores, as contas por cobrar, o inventário, a equipa, os materiais de escritório, os veículos, o mobiliário, os edifícios, etc., e o director é o principal responsável pela sua salvaguarda, o que não significa que se deva portar como um polícia, vigiando-os, mas que deve ter sistemas de controlo distribuídos às pessoas de sua confiança.

Se o director não tem os sistemas de controlo correctos e os implementa eficazmente, não deve admirar-se que ano após ano tenha perdas que terão efeitos nos resultados.

Para além dos sistemas de controlo, o director deve contratar os serviços de auditores externos que anualmente analisem a situação financeira da empresa, o que significa rever os activos e detectar o que falta.

É boa prática realizar inventários dos produtos de maior venda, assim como dos componentes mais caros, mas de uma forma inesperada para o pessoal, pelo que se requer a intervenção de auditores externos. Não é barato, mas a longo prazo representará uma grande poupança.

Também é necessário fazer verificações de caixa periodicamente e que deverão ser feitas, igualmente, de forma inesperada para o pessoal dos departamentos respectivos. Poder-se-á alegar desconfiança, mas parece ser verdade o adágio que diz quando está aberta a caixa, até o mais honrado é ladrão.

Certamente, as paixões e motivações humanas fazem-nos agir, por vezes, fora das fronteiras da ética. Por isso, é absolutamente necessário ter os controlos necessários para desanimar o pessoal pouco honesto de ter condutas desonestas.

Por vezes, confia-se excessivamente em alguns funcionários, especialmente nos colaboradores mais próximos, mas nunca se sabe, se por necessidade ou outra razão, alterarão a sua conduta intocável e se transformarão em ladrões. E o pior é que quando um funcionário desonesto encontra o «caminho», segui-lo-á até ao ponto de abrir um enorme buraco na empresa.

É necessário também que o director esteja consciente de que em muitas ocasiões os fornecedores se prestam à corrupção de alguns funcionários dos seus clientes. Num caso que conheci de perto, alguns funcionários de topo aliaram-se com vários fornecedores para que entregassem na empresa menos unidades de um produto ao mesmo tempo que entregavam outra parte em armazéns clandestinos para que os funcionários corruptos pudessem vendê-lo na América Central. Obviamente, o valor da factura incluía o custo de todas as unidades, as que entregavam no armazém da empresa e as que entregavam por fora. Era um negócio clandestino dos empregados corruptos, mas como sempre acontece, foram descobertos e despedidos da empresa, mas o mal já estava feito.

A verdade é que o director deve ser desconfiado no que se refere aos activos porque deles depende a viabilidade sã da sua empresa. Um descuido e a perda por roubos de activos pode superar o montante dos ganhos operacionais. E o pior é que é muito difícil deduzi-las nos impostos porque as autoridades fiscais podem presumir evasão, coisa que não é conveniente para a empresa.

Como sugestão final neste capítulo, recomendo ter confiança no seu pessoal, mas com um pouco de desconfiança à mistura. E quando descobrir alguém a agir desonestamente, não deixe o coração falar e despeça-o, documentando a sua acção para quando tiver de enfrentá-lo no tribunal de trabalho, se a situação o permitir, porque é comum que os tribunais dêem razão ao trabalhador mesmo perante provas contundentes de que actuou contra a empresa. Assim, o mínimo que pode conseguir é um acordo que convença a companhia.

MANTER INFORMADO E APROVEITAR O CONSELHO DE ADMINISTRAÇÃO

Muitos directores vão ao Conselho de Administração com receio, especialmente se eles não elegeram os seus membros. Na realidade, um bom Conselho de Administração não é um inimigo; pelo contrário, pode ser o melhor aliado do director se trabalharem juntos para o bem da empresa e dos seus accionistas.

Um director inteligente deve saber aproveitar o Conselho de Administração. Deve perceber a riqueza em experiência e talento presente nos seus membros. A melhor maneira de explorar essa riqueza é fazendo-o participar nas decisões de alto nível, como a formulação de estratégias perante a mudança. A visão externa dos conselheiros pode esclarecer situações que o director não vê claramente pela «cegueira de ofício» que é difícil evitar completamente.

Um bom Conselho de Administração não deve ser apenas uma audiência para os relatórios do director. Deve ser um questionador dos resultados e das práticas da empresa. Obviamente que isto não é do agrado do director, pois a sua reacção pode ser: «O que é que estes tipos sabem do negócio?». É outra vez o ego a brilhar, a ponto de que o director deteste as reuniões do Conselho.

Depois dos fiascos da Enron, WordCom, Tyco e outros, cujos directores abusaram da confiança que os seus Conselhos de Administração depositaram neles, surgiu uma nova maneira de funcionar por parte dos Conselhos de Administração nos Estados Unidos motivada pela lei de Sarbanes-Oxley, que especifica, entre outras coisas:

- A criação de penalidades por fraude empresarial, com prisão até 20 anos por destruir ou alterar documentos necessários em investigações federais.
- Prisão entre 10 e 20 anos e multas de 1 milhão a 5 milhões de dólares para directores executivos que certifiquem contas falsas.
- Restrições nos serviços de consultoria que as empresas de auditoria podem fornecer aos seus clientes.
- A SEC imporá novas regras aos analistas financeiros para esclarecer conflitos de interesse, especialmente na banca de investimento.
- Ampliação do período de tempo em que os investidores defraudados podem processar judicialmente.

Isto está a fazer com que os Conselhos de Administração se transformem em verdadeiros órgãos de governo e deixem a sua função lendária de só aplaudir os êxitos do director executivo.

Mas para que o Conselho de Administração faça o seu trabalho de governo deve saber tudo o que se passa na empresa, o bom e o mau, mas deve sabê-lo da boca do director e não por outros meios, porque se o director não mantém informados de tudo os conselheiros, estes acabam por lhe retirar a sua confiança, o que pode significar um verdadeiro conflito para a empresa e, finalmente, a saída do director, pois está provado que a longo ou a curto prazo (a não ser que o director seja accionista), o conselho predomina. E é assim que deve ser, até porque têm um mandato muito claro:

> *O conselho deve esforçar-se em assegurar que a organização seja viável financeiramente e devidamente administrada.*
>
> *O interesse pessoal de um conselheiro, ou de pessoas próximas dele, não deve ter precedência sobre os interesses da organização e dos seus accionistas.*
>
> (CACG – code of Good Practice for the Board).

Pela minha experiência com Conselhos de Administração de três empresas, estou convencido de que é muito melhor informar oportunamente um problema aos conselheiros do que esperar que o problema fique resolvido.

É claro que é melhor dizer: «Resolvi este problema» do que dizer «Estamos perante este problema e necessitamos das vossas sugestões para resolvê-lo». Ao dizer isto, o director está a assumir que não consegue fazer o seu trabalho de direcção. Mas na realidade, os conselheiros não o vêem assim, por uma simples razão: no seu próprio trabalho directivo encontraram muitas situações problemáticas e teriam querido contar com um grupo de colegas directores que lhes dessem sugestões para resolvê-las.

Em conclusão, o director deve manter informado oportunamente o conselho, especialmente acerca daquelas situações de onde possa advir uma crise. Além disso, deve aproveitar os conhecimentos dos conselheiros para gerar melhores estratégias e planos de acção. E nunca deve pensar que se apresentará como um director fraco ao apresentar-lhes problemas. É importante que não só lhes diga «Temos este problema», como também «Mas temos estas possíveis soluções e gostaria de saber as vossas opiniões e sugestões a este respeito».

BIBLIOGRAFIA REFERENTE AO TRABALHO DO DIRECTOR (LIVROS ESCRITOS POR DIRECTORES)

JR. L.V. GERSTNER, *Who Says Elephants Can't Dance?*, Harper Business, 2002 (Gerstner salvou a IBM do colapso. Explica neste livro o que fez para o conseguir).

C. SHIFT GHOSN, *Currency Doubleday*, 2005. (Carlos Ghosn fez renascer a Nissan. O livro mostra o processo de recuperação dessa empresa).

L. BOSSIDY, e R. CHARAN, *Confronting Reauty*. Crown. 2004. (Larry Bossidy foi Presidente do Conselho de Administração e Presidente Executivo da Honeywell International).

L. BOSSIDY, e R. CHARAN, *Execution*. Crown 2002. (Larry Bossidy era ainda Presidente do Conselho de Administração da Honeywell quando escreveu este livro que se converteu num grande *bestseller*).

J. WELCH, *Straight From The Gut*, Warner. 2001 (Jack Welch é considerado o melhor director de empresa do século XX. Levou a General Electric a ser a empresa de maior valor no mundo).

J. WELCH, *Vencer*. Actual Editora. 2005. (Neste livro, Jack Welch explica como conseguiu que a General Electric se transformasse na empresa de maior valor do mundo. É um livro que complementa *Straight From The Gut*).

G. BETHUNE, *From Worst to First*, Wiley, 1998. (Gordon Bethune conseguiu a recuperação da companhia aérea Continental).

BILL GATES, *Camino al futuro*, McGraw-Hill, 1995 (Neste livro o co-fundador da Microsoft ensina-nos a reflectir acerca do futuro).

G. AMELIO, *On The Firing Une*, Harper. 1999. (Gil Amelio conseguiu a reabilitação da Apple. Neste livro diz-nos o que fez durante os 17 meses em que foi Presidente Executivo desta empresa).

BILL GATES, *Los Negocios en la Era Digital*, Plaza y Janés, 1995. (Nesta obra, Gates explica o papel que têm e terão as tecnologias da informação nos negócios).

K. MATSUSHITA, *Not For Bread Alone*, Berkley, 1984, (Escrito pelo fundador da Matsushita Electric. O livro mostra-nos a filosofía baseada na ética deste grande industrial japonês).

D. E. PETERSEN, *A Better Idea,* Houghton Mifflin, 1991, (O autor foi Presidente Executivo da Ford Motor Co. E neste livro partilha as suas ideias de como um negócio pode conseguir e segurar uma equipa de alta qualidade para produzir um produto de alta qualidade).

R. SERVITJE, *Bimbo: Estrategia de Éxito Empresarial*, Prentice, 2003. (Neste livro, Roberto Servitje, co-fundador da Bimbo, ensina-nos a transformar as nossas empresas em companhias altamente produtivas e plenamente humanas).

K. INAMORI, *A Passion For Success*, McGraw-Hill, 1995. (O fundador da Kyocera apresenta-nos as filosofias que empregou e viveu para transformar a natureza dos seus negócios).

B.J. GIBBONS, *If You Want To Make God Really Laugh Show Him Your Business Plan*, Capstone, 199B. (Barry Gibbons foi

Presidente do Conselho de Administração e Presidente Executivo da Burger King. No seu livro, o autor partilha com o leitor as suas 101 Leis Universais dos Negócios).

R.H. MILES, *Corporate Comeback*, Jossey-Bass, 1997. (O autor partilhou créditos com Gil Amelio na reabilitação da National Semiconductor. O livro é a história do proceso de transformação).

W. AVIS, *Atrevase a ser el Líder*, Norma, 1987. (Autobiografia do fundador da Avis Rent-A Car).

D. MAHONEY, *Confessions of a Street-Smart Manager*, Simon & Schuster, 1988. (David Mahoney foi Presidente Executivo da Norton Simon. No seu livro diz-nos como conseguiu ter êxito nos negócios)

AKIO MORITA, *Made in Japan*, Lasser Press, 1986. (O ex-presidente da Sony narra como esta empresa alcançou o auge como companhia de classe mundial).

ANDY GROVE, *Only the Paranoid Survive*, Currency, 1999. (Andy Grove, co-fundador e ex-presidente de Intel, diz-nos como explorar os pontos de crise com os quais se confrontam todas as empresas).

K. WOO-CHOONG, *El Mundo es Tuyo, Pero Tienes que Ganartelo*, Grupo Editorial Iberoamérica, 1993. (O fundador do grupo Daewoo partilha as suas experiências no seu caminho para o êxito empresarial).

M. DELL, *Direct From Dell*, Harper, 1999. (Escrito por Michael Dell, Presidente do Conselho de Administração e Presidente Executivo da Dell Computer Corp. Mostra-nos como começou o seu negócio num quarto da universidade e como partilhou o êxito com grandes fabricantes de computadores como a Apple, a HP e a IBM).

D. PACKARD, *The HP Way*, Harper, 1995. (O autor conta como ele e Bill Hewlett construíram a Hewlett-Packard).

I. IACOCCA, *Iacocca*, Grijalbo, 1985. (Autobiografía do salvador da Chrysler).

D.T. KEARNS, *Prophets in the Dark*, Harper, 1993. (David Kearns foi o Presidente Executivo da Xerox. Neste livro conta como revolucionaram a empresa para salvá-la do perigo japonês).

G. AMELIO, *Profit From Experience*, VNR, 1996. (É a história de como salvou a National Semiconductor da falência.)

M. EISNER, *Work in Progress*, Hyperion, 1999. (Escrito pelo Presidente Executivo da Disney. Explica-nos como conseguir a «magia» nos negócios).

R. C. ROSE, *How to Make a Buck and Still Be a Decent Human Being*, Harper, 1999. (Rose foi o Presidente Executivo da Dataflex Corp. Diz-nos como obter o melhor dos funcionários através de uma combinação de inspiração, persuasão simpática, reconhecimento pessoal, promoção e rituais de empresa).

P. KELLY, *Faster Company*, Wiley, 1998. (Kelly é o fundador e Presidente Executivo da PSS/World Medical, Inc. O livro mostra como se consegue o êxito empresarial através de uma fórmula: confiando nas boas pessoas, tornando-os parceiros, trabalhando mais do que a concorrência e divertindo-se no caminho para a conquista das metas).

H. SCHULTZ, *Pour Your Heart Into It*, Hyperion, 1997. (O Presidente do Conselho de Administração da Starbucks conta como conseguiu criar a maior cadeia do mundo de cafés).

S. HASHEMI e B. HASHEMI, *Anyone Can Do It*, Capstone, 2002. (Os fundadores da Coffee Republic partilham com o leitor a sua estratégia que tornou a sua empresa num forte concorrente da Starbucks na Grã-Bretanha).

W. MCVICKER, *Starting Something*, Ravel, 2005. (O co-fundador e Presidente da Neoforma conta-nos como transformou o seu sonho em realidade).

SOBRE O AUTOR

Luis Castañeda é licenciado em Física e Matemática e tem os graus de mestre e doutor em Gestão de Negócios.

Frequentou o Programa de Alta Direcção AD-2 del IPADE.

É autor de mais de 70 livros de gestão, administração e de superação, entre os quais os seguintes:

- *Implementación, el arte de convertir los planes de negocios en resultados rentables*
- *Cómo destruir una empresa en 12 meses... o antes* [publicada pela Actual Editora]
- *Sueño de un gerente con Dios*
- *El líder en acción*
- *La calidad la hacemos todos*
- *El cliente es tu patrón*
- *¿Qué planes tiene para el resto de su vida?*
- *Pensar, tarea esencial de líderes y gerentes*
- *Alta dirección para gerentes ocupados*
- *Despido, estancamiento o promoción*

É Presidente Executivo de um grupo de empresas editoriais e ocupou cargos de direcção nas indústrias químicas e metalomecânicas.

Foi director-geral durante mais de 25 anos.

É conferencista internacional e consultor em reabilitação de empresas com problemas, ética empresarial, liderança, qualidade total, *coaching*, serviço e perícia do pensamento directivo.

É co-fundador e ex-presidente da DESEM, A. C. (hoje IMPULSA, A.C.)

Se desejar contactar com o dr. Castañeda, pode enviar-lhe um e-mail para:

lcastaneda@panoramaed.com.mx
ou
luiscastanedam@yahoo.com

Visite a sua página web em: luiscastaneda.com.mx

ÍNDICE

DEDICATÓRIA 5

PREFÁCIO 7

AS TAREFAS 11

   TOMAR DECISÕES PRECISAS E OPORTUNAS 13

   IMAGINAR UM FUTURO DESEJÁVEL PARA A EMPRESA E DESENVOL-
      VER UM PLANO PARA TORNÁ-LO REALIDADE 23

   SUPERVISIONAR A IMPLEMENTAÇÃO EFECTIVA DO PLANO ESTRA-
      TÉGICO E DOS PLANOS OPERACIONAIS 29

   ESTAR INFORMADO DE TUDO O QUE É IMPORTANTE QUE ACON-
      TEÇA NA EMPRESA 33

   MANTER UMA ESTRUTURA ORGANIZACIONAL SÓLIDA E AO MESMO
      TEMPO FLEXÍVEL 38

   ASSEGURAR QUE A EMPRESA SEJA UMA CRIADORA DE VALOR PER-
      MANENTE 43

   PROPICIAR A MOTIVAÇÃO E A PRODUTIVIDADE DO PESSOAL ... 48

   CRIAR UM AMBIENTE DE TRABALHO QUE FOMENTE O BEM-ESTAR,
      A SUPERAÇÃO E UMA ALTA PRODUTIVIDADE 53

   ASSEGURAR-SE QUE NA EMPRESA SE GERE E AUMENTA O CONHE-
      CIMENTO NECESSÁRIO PARA A OPERAÇÃO DIÁRIA E PARA O
      DESENVOLVIMENTO FUTURO 58

CONTINUAR A SUA PREPARAÇÃO DIRECTIVA PERMANENTEMENTE	64
FORMAR LÍDERES DENTRO DA ORGANIZAÇÃO	68
MANTER UMA EQUIPA DIRECTIVA FORTE E INTEGRADA	71
ESCOLHER E PREPARAR UM SUCESSOR	76
SER O GUARDIÃO DOS VALORES E DA REPUTAÇÃO DA EMPRESA	81
FACILITAR O TRABALHO DE TODO O PESSOAL SEM INTERFERIR E PROPORCIONAR-LHE OS RECURSOS NECESSÁRIOS	86
SER ADVOGADO DOS CLIENTES DA EMPRESA	94
MONITORAR CONTINUAMENTE O MEIO E FAZER OS AJUSTES NECESSÁRIOS E OPORTUNOS AO PLANO ESTRATÉGICO	98
ESTAR SEMPRE EM BUSCA DE OPORTUNIDADES	104
PROPICIAR A INOVAÇÃO NA EMPRESA	108
REPRESENTAR A EMPRESA PUBLICAMENTE	112
AVALIAR FREQUENTEMENTE O DESEMPENHO DA EMPRESA E DO SEU PESSOAL	116
ESTAR INFORMADO DO DESEMPENHO FINANCEIRO E DO APROVEITAMENTO DOS ACTIVOS DA EMPRESA	123
CUMPRIR ESTRITAMENTE COM OS REQUISITOS FISCAIS	126
SALVAGUARDAR OS ACTIVOS DA EMPRESA	129
MANTER INFORMADO E APROVEITAR O CONSELHO DE ADMINISTRAÇÃO	132
BIBLIOGRAFIA REFERENTE AO TRABALHO DO DIRECTOR (LIVROS ESCRITOS POR DIRECTORES)	137
SOBRE O AUTOR	141